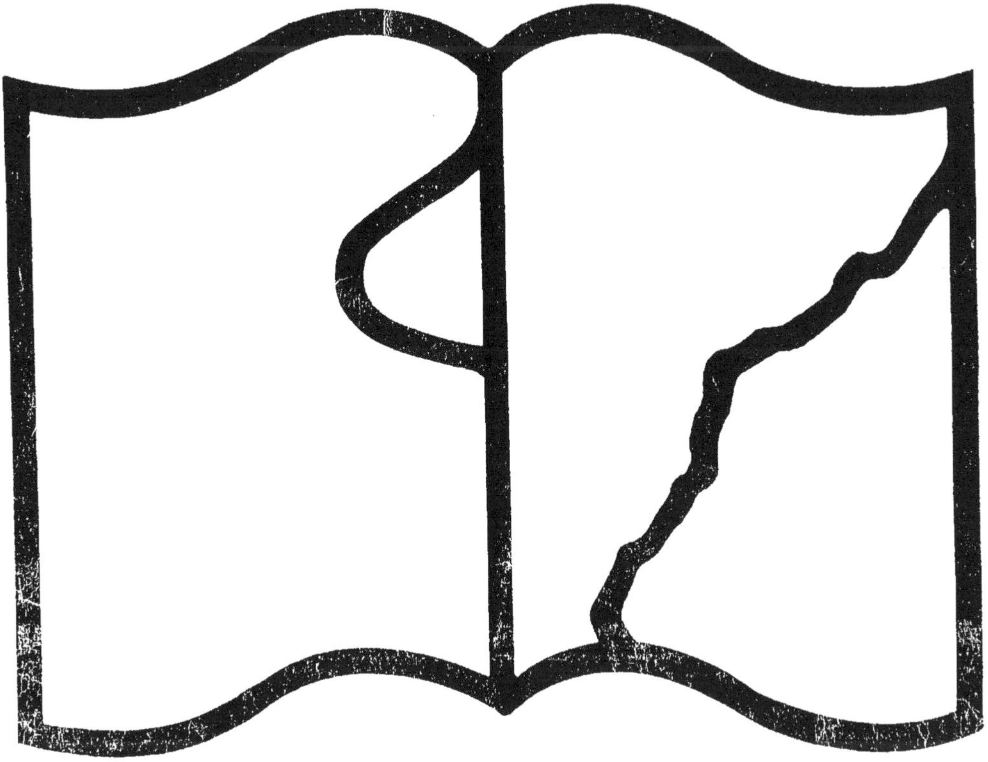

Texte détérioré — reliure défectueuse

NF Z 43-120-11

Contraste insuffisant

NF Z 43-120-14

L'Escrime

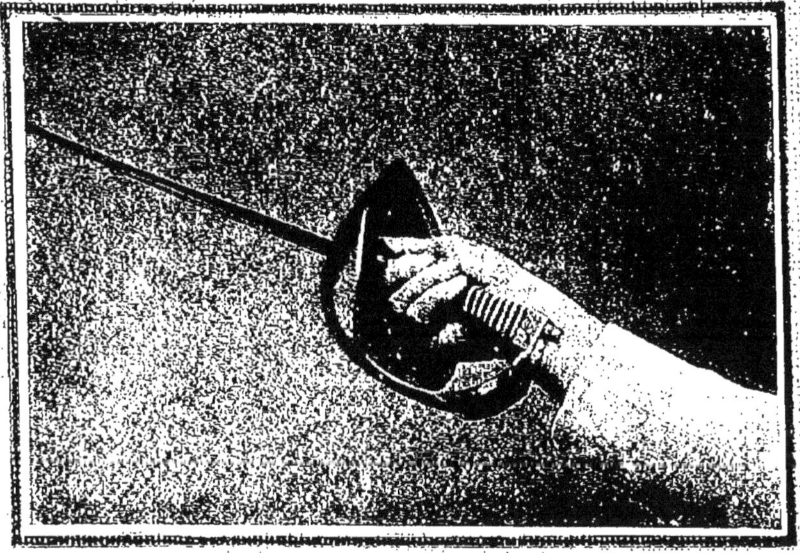

FLEURET, par Kirchhoffer
ÉPÉE, par J. Joseph-Renaud
SABRE, par Léon Lecuyer

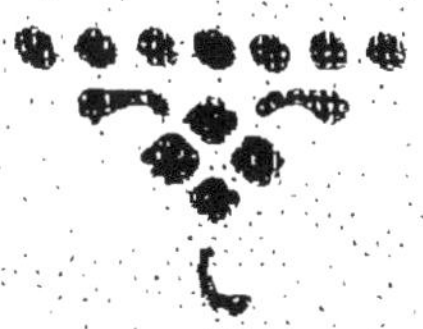

Prix : 1 fr. 30 net.

L'ESCRIME

Fleuret — Épée — Sabre

SIXIÈME MILLE

L'ESCRIME

FLEURET, par Kirchhoffer

ÉPÉE, par J. Joseph-Renaud

SABRE, par Léon Lecuyer

48 GRAVURES

Bibliothèque Larousse

Paris. — 13-17, rue Montparnasse

L'Éducation d'un prince. La leçon d'armes,
d'après Hans Burgmaïer. (Début du XVIe siècle.)

L'ESCRIME

Fleuret

L'ESCRIME au fleuret étant classée parmi les exercices violents, il ne faudra pas l'enseigner aux enfants trop jeunes. Jusqu'à l'âge de douze ans, il sera préférable de leur faire exécuter les mouvements de « gymnastique de chambre », appelés encore « gymnastique suédoise ».

Les exercices de force (poids, haltères, etc.) et les exercices aux agrès devront être pratiqués modérément, dans la crainte des déformations du corps.

Pour les futurs jeunes escrimeurs, les meilleurs exercices à pratiquer seront : la *marche,* la *course,* la *natation,* la *danse,* l'*équitation* en un mot, tous les exercices dits « de souplesse ».

L'arme. — Pour pratiquer l'escrime, on emploie une arme qu'on appelle *fleuret* (1). Le fleuret est l'épée d'étude, l'arme appropriée à la leçon ; il se décompose en *cinq parties :*

La *lame,* de forme quadrangulaire, sans évidement et mesurant 0^m,85 le numéro 4, et 0^m,88 le numéro 5. Ces deux numéros sont les plus usités ;

La *garde,* en fer ou en cuivre, creuse ou pleine et affectant diverses formes ;

Le *garde-pouce,* en cuir ou en étoffe rembourrée ;

La *poignée,* en bois garni de fil d'étoffe, de caoutchouc ou encore de filigrane et de différentes grosseurs ;

Le *pommeau,* en fer ou en cuivre et de différentes formes.

Il existe de nombreux modèles de fleurets (montables et démontables). Le meilleur système est celui que l'on rencontre habituellement dans les salles d'armes. Ceux du système dit « démontable » ne sont pratiques que pour les voyages ; encore faut-il avoir le soin d'emporter avec soi des lames spéciales ou taraudées. Quant à la lame proprement dite, pour être bonne, elle doit remplir les conditions suivantes : 1° être flexible sans être molle ; 2° ne pas être trop fine du bout; 3° ne pas être trop lourde au talon.

Le vêtement de l'escrimeur. — Une *veste d'armes,* généralement en coutil blanc ou de couleur claire, doublée de toile à voile, afin d'empêcher les lames cassées de pénétrer. En salle d'armes, il sera prudent, en outre, de porter un *cuissard,* de même étoffe et même doublure que le reste, afin de protéger le bas-ventre et le haut des cuisses ;

Un *pantalon,* en coutil, drap ou molleton de nuance claire ou foncée, large dans le haut et serré dans le bas;

Une *paire de sandales,* en cuir souple et généralement de couleur noire et grise, avec semelles en buffle, afin de ne pas glisser;

Un *masque* solide, à double treillis et à mailles serrées, de manière à protéger parfaitement tout le visage. Il faudra se mé-

---

(1) Cette appellation vient, disent les uns du vieux français *floret,* dérivé de l'Italien *fioretto,* diminutif de *fiora,* fleur; les autres, de *fleuret,* métal employé à sa fabrication.

fier de certains masques de prix modéré que l'on trouve dans le commerce, principalement dans les bazars, qui n'offrent pas toujours toutes les garanties de solidité nécessaire. Il sera également prudent de faire garnir le masque d'un *gorgerin*, destiné à protéger le cou. Ce gorgerin pourra être en cuir épais ou en treillis métallique ;

Un *gant* rembourré avec crispin souple ou dur, de manière à amortir le choc dans les rencontres de garde qui peuvent se produire au cours d'une leçon ou d'un assaut.

Hygiène de l'escrimeur. — En arrivant à la salle d'armes, se dévêtir complètement et endosser la tenue d'escrime. La séance terminée, se mettre sous la douche froide ou chaude (de préférence froide), à moins d'avis contraire du docteur.

La douche est le complément de la leçon d'armes, car rien ne repose plus de la fatigue de l'assaut. Se faire frictionner ensuite tout le corps à l'alcool avec un gant de crin, afin d'activer la circulation du sang, pour provoquer une bonne et nécessaire réaction. Si l'usage de la douche était interdit par le docteur, aller au lavabo et se livrer à de larges ablutions, sans s'y attarder, de façon à ne pas se refroidir. Se rhabiller le plus lentement possible, afin d'être complètement sec avant de quitter la salle d'armes, surtout en hiver. Boire le moins possible après la leçon d'armes ou l'assaut. Cette prescription est surtout recommandée aux personnes qui font de l'escrime pour maigrir.

Entraînement rationnel. — Prendre tous les jours, ou pour le moins tous les deux jours, les deux reprises qui composent la leçon d'armes (c'est l'entraînement réduit à sa plus simple expression et à l'usage des débutants).

S'arrêter quelques minutes entre chaque *reprise* afin de se reposer. Chaque reprise ne devra pas dépasser dix à douze minutes. Dix minutes de leçon bien prise vaudront une demi-heure d'assaut.

Après un nouveau repos, exécuter avec le maître, le prévôt ou encore avec un camarade de salle, l'exercice des « contres ». Ce travail est l'exercice préparatoire à la leçon d'assaut et à l'assaut ; on ne devra pas non plus excéder dix minutes sans se reposer (c'est l'entraînement rationnel pour les élèves ayant au moins cinq à six mois de salle). Ensuite passer à l'assaut (entraînement pour les élèves ayant une année de salle).

L'assaut est le combat courtois entre deux tireurs déjà exercés et rompus depuis longtemps aux difficultés de la leçon et de l'exercice des contres. Ce combat sera plus ou moins animé, selon la vigueur et le tempérament des adversaires. Il ne devra pas durer plus d'un quart d'heure sans repos. Si l'élève n'est pas fatigué, il pourra recommencer un autre assaut d'un quart d'heure et ce sera assez pour cette séance, car il faut se défier de la trop grande dépense de force physique qui pourrait amener ce qu'on appelle scientifiquement le *surentraînement*.

Dans les exercices physiques, le surentraînement est la pierre d'achoppement de ceux qui s'y adonnent. En général, il faudra déployer le *minimum d'effort* afin d'obtenir le *maximum de force*. Pour atteindre à ce but il suffira de faire le moins possible de mouvements inutiles, ce qui donnera une plus grande vitesse, avec moins de fatigue. Pendant la période dite d' « entraînement », il sera excellent de ne fumer et de ne boire de l'alcool que très modérément ou pas du tout ; se coucher tôt et dormir au moins huit heures, et enfin ne faire aucun excès d'aucune sorte.

Ces recommandations s'adressent surtout à un escrimeur qui s'entraîne en vue d'un assaut public, d'un tournoi ou d'un concours.

Pratique. Des différentes méthodes. — En escrime française, il y a différentes méthodes : il faut dire tout de suite que chaque méthode renferme plus ou moins de bons principes et de bonnes idées. Un maître d'armes sérieux et digne de ce nom doit être éclectique et savoir prendre et ajouter à sa leçon le bon, l'utile, des autres méthodes.

A notre avis, l'école la plus rationnelle et la plus logique, en même temps que la plus simple, est celle de *Jean-Louis*, le célèbre maître d'armes français du commencement du XIXᵉ siècle. — Jean-Louis était mulâtre : il naquit à la Guadeloupe en 1785 et mourut à Montpellier en 1865 ; il avait par conséquent quatre-vingts ans. Détail curieux, depuis plusieurs années il donnait ses leçons bien qu'étant aveugle. Jean-Louis disait qu'il fallait enseigner l'art des armes à chaque individu d'après trois facteurs : 1° *sa conformation physique ;* 2° *son tempérament ;* 3° *son caractère.*

Je ferai à ce propos un reproche à la méthode militaire, qui a le tort de vouloir couler tous les escrimeurs dans un même moule. Une réforme sérieuse s'impose de ce côté, et nous espérons bien qu'un jour le ministre de la guerre pensera à cette réforme capitale pour l'avenir de l'escrime dans l'armée.

LA MISE EN GARDE.
PREMIÈRE POSITION.

Les photographies de ce chapitre ont été exécutées sous la direction du professeur Kirchhoffer

PREMIER MOUVEMENT
DE LA MISE EN GARDE.

DEUXIÈME MOUVEMENT
DE LA MISE EN GARDE.

QUATRIÈME MOUVEMENT
DE LA MISE EN GARDE.

THÉORIE DE L'ESCRIME

La définition de l'escrime au sens propre du mot est l'art de savoir se servir des armes de main pour l'attaque et pour la défense.

Afin de savoir se servir efficacement de ces armes de main, il a fallu établir des principes, des règles basées sur le raisonnement et sur la logique des choses. Puisque l'art de l'escrime a pour objet la défense autant que l'attaque et qu'elle répond admirablement bien à la définition qu'en a donnée la Nicole de Molière : « C'est l'art de donner sans jamais recevoir, » il serait trop aisé de frapper et de fuir. La nécessité de toucher l'adversaire en évitant ses coups fait tout le mérite et toute la difficulté de la science des armes. L'œil qui perçoit et qui avertit, le jugement qui apprécie et qui décide, la main et la jambe qui exécutent doivent allier l'exactitude à la vitesse pour communiquer la vie au fleuret.

Principes généraux et Coups principaux. — Commençons par la *mise en garde*. La garde est la position la plus avantageuse pour attaquer et pour parer.

Mise en garde simplifiée. — Pour se mettre en garde, réunir les deux talons, les pieds étant d'équerre, les jarrets tendus sans les raidir, le corps droit sur les hanches et de profil, l'épaule gauche bien effacée. Tenir le fleuret, le pouce allongé sur le dos de la poignée, les autres doigts fermés au-dessous. Plier le bras droit et placer la main au milieu du buste, le coude devant le corps, la pointe du fleuret à hauteur de l'œil. Porter en même temps la main gauche en arrière et au-dessus de la tête, le bras arrondi, les doigts légèrement pliés en dedans et tombant naturellement. Ensuite, fléchir sur les genoux, le poids du corps reposant également sur les deux jambes, puis placer le pied droit à environ deux semelles en avant du pied gauche, le buste restant droit, sans raideur, la tête haute et bien placée, la poitrine effacée.

Cette mise en garde est la plus simple et est à l'usage des commençants.

Mise en garde ordinaire. — L'élève étant familiarisé avec les mouvements indiqués ci-dessus, lui faire exécuter la mise en garde ordinaire, qui se décompose en *quatre temps* (1).

------

(1) La mise en garde de l'école militaire se décompose en sept mouvements; il n'existe pas de mise en garde simplifiée.

1er. temps (les pieds étant placés d'équerre, etc., comme il est indiqué au début de la mise en garde simplifiée) : Placer la main droite et la lame du côté gauche du corps, la pointe du fleuret à 6 centimètres du sol, le bras gauche pendant naturellement le long du corps et sans toucher la lame.

Élever l'arme le bras droit tendu en avant et au-dessus de la tête, la main, les ongles tournés vers le ciel (exécuter ce mouvement comme si l'on tirait l'épée du fourreau).

2e temps : Plier le bras droit en descendant la garde du fleuret vis-à-vis du menton, la main, les ongles tournés vers le corps pour le salut de l'adversaire.

3e temps : Abaisser le bras armé sans que la pointe du fleuret touche terre, ramener la lame en arrière et à gauche sans bouger le coude, en faisant décrire un grand cercle à la pointe, de manière que celle-ci revienne se placer en avant du corps, à hauteur de l'œil et dirigée vers l'adversaire. Placer en même temps le bras gauche en arrière et au-dessus de la tête.

4e temps : Porter le pied droit à environ 40 centimètres en avant du pied gauche et fléchir en même temps et également sur les deux jambes.

Rassemblement en arrière : trois temps. — 1er temps : Pour revenir à la première position, lever le bras droit, la main, les ongles tournés vers le ciel, abaisser le bras gauche naturellement et ramener le talon droit à côté et devant le talon gauche.

2e temps : Plier le bras armé en descendant la garde du fleuret à hauteur du menton, comme dans le 3e temps de la mise en garde.

3e temps : Abaisser le bras ainsi que la lame à droite et en avant du corps, la main, les ongles tournés vers la terre, la pointe du fleuret à 10 centimètres du sol.

Rassemblement en avant. — Mêmes principes, sauf que dans le premier mouvement on ramène le pied gauche en avant et contre le talon droit.

Marche et retraite. — Pour marcher, c'est-à-dire afin de se rapprocher de l'adversaire, porter le pied droit à environ 40 centimètres en avant et placer le pied gauche à la place du pied droit, en restant toujours dans la position de la garde.

Pour rompre. — C'est-à-dire afin de s'éloigner de l'adversaire, porter le pied gauche en arrière, d'après le même principe que pour la marche et placer le pied droit à la place du pied gauche, en conservant autant que possible le même intervalle entre chaque pied.

Développement ou fente. — Le développement ou fente est l'extension donnée à la garde pour atteindre l'adversaire. Il s'exécute en deux temps. *1er temps* : Allonger le bras droit et laisser tomber le bras gauche le long de la cuisse gauche; *2e temps* : Lancer la jambe droite en avant (plus ou moins loin, selon la taille de l'escrimeur), tendre d'un seul coup le jarret gauche, afin de donner le plus de vitesse possible au développement. Ces deux mouvements doivent être faits très rapidement et presque simultanément.

Remise en garde. — Plier le bras droit et ramener aussitôt le pied droit en arrière dans la position de la garde, pendant que le bras gauche reprend vivement sa place en arrière et au-dessus de la tête. Le bras gauche sert de balancier au corps, il aide beaucoup dans la remise en garde.

Lignes. — Au sens propre, la *ligne* est la direction de l'épée déterminée par la position du poignet et de l'avant-bras et par la hauteur de la pointe. Au sens figuré, c'est la trace, sur le buste de l'escrimeur, de deux plans imaginaires, perpendiculaires entre eux, et se coupant à la hauteur de la main dans la position de la garde. Il y a *quatre lignes* : deux lignes au-dessus de la main du tireur (nommées *lignes hautes*), et deux lignes au-dessous (nommées *lignes basses*).

Lignes hautes. — La ligne à droite de la lame s'appelle *sixte*, et la ligne de gauche s'appelle *quarte*.

Lignes basses. — La ligne à droite de la lame s'appelle *octave*, et la ligne de gauche s'appelle *septime*.

Engagements. — L'engagement est l'action de croiser le fer avec le fer ennemi, afin de se couvrir. Il y a *huit engagements* (deux dans chaque ligne), qui sont : *prime, seconde, tierce, quarte, quinte, sixte, septime* et *octave*.

Attaques. — L'attaque est le coup que porte le tireur pour toucher l'adversaire.

Les attaques peuvent être *simples* ou *composées*. Elles sont simples quand elles ne comportent qu'un seul mouvement (vingt-quatre attaques simples). Elles sont de trois sortes : *coup droit, dégagement* et *coupé*. Elles sont composées quand elles comportent plus d'un mouvement (le nombre en est très grand). Voici les principales attaques composées : *doublé, une-deux, doublé-dégagé, une-deux-trois, une-deux trompé le contre, doublé une-deux, doublé-dédoublé,* etc.

Les attaques composées peuvent également s'exécuter de haut en bas et de bas en haut; dans ce cas elles s'appellent *attaques en hauteur.*

Toutes les attaques (simples ou composées) peuvent être faites de *pied ferme,* en *marchant* ou *après la marche.*

Feintes. — La feinte est l'image du coup; elle a pour but d'attirer la lame de l'adversaire dans une ligne pour le frapper dans une autre. Les feintes s'emploient dans l'exécution des coups composés.

Il y a *trois sortes* de feintes : 1° les feintes *menaçantes;* 2° les feintes *progressives;* 3° les feintes *sur place.* Les feintes menaçantes se font le bras complètement tendu. Les feintes progressives se font en plusieurs temps : au début, le bras légèrement allongé, puis progressivement allongé, pour finir le bras complètement tendu. Les feintes sur place se font le bras plié.

Parades. — Pour se défendre, on se sert de *parades.* Les parades consistent à détourner du corps le fer ennemi. Les parades peuvent être simples ou composées (même définition que pour les attaques).

Les parades sont *horizontales* ou *circulaires;* ces dernières sont appelées *contres.* Il y a *seize parades simples,* dont huit horizontales, à savoir : prime, seconde, tierce, quarte, quinte, sixte, septime, octave; et huit circulaires : contres de prime, de seconde, de tierce, de quarte, de quinte, de sixte, de septime et d'octave. Quant aux *parades composées,* le cas est le même que pour les attaques composées; elles sont fort nombreuses, car toutes les attaques ont leurs parades correspondantes.

Ripostes. — La riposte est l'attaque qui suit la parade.

Les ripostes peuvent être *simples* ou *composées* (même définition que pour les attaques et les parades) et s'exécutent *sans se fendre, en se fendant* ou *en restant fendu.* Quand la riposte suit immédiatement la parade, elle s'appelle du *tac au tac,* et elle s'appelle à *temps perdu* quand il s'écoule un temps entre la parade et la riposte.

Attaque au fer. — L'attaque au fer est une action quelconque exercée sur le fer ennemi pour l'ébranler ou le surprendre. Voici les différentes et principales attaques au fer : le *battement,* la *pression,* le *coulé,* le *double-battement* dans la même ligne et dans les deux lignes.

Battement. — Frapper le fer ennemi d'un petit coup sec et net.

Pression. — Appuyer assez fortement et sans saccade sur le fer ennemi.

Froissé. — Frapper violemment de haut en bas et en glissant sur le fer ennemi. Le froissé peut être également employé pour désarmer l'adversaire,

Coulé. — Glisser le long et en appuyant légèrement sur le fer ennemi.

Double-battement dans la même ligne. — Frapper deux fois de suite et vivement le fer ennemi du même côté.

Double-battement par engagement dans les deux lignes. — Frapper alternativement le fer ennemi dans l'une et l'autre ligne (1).

Des particularités en escrime. — *La contre-riposte.* — La ou les contre-ripostes sont une suite ininterrompue de parades et de ripostes exécutées par les deux adversaires et durant un laps de temps plus ou moins long. Les contre-ripostes peuvent être faites sans se fendre, en se fendant ou étant fendu; elles peuvent être également simples ou composées.

La remise. — La remise est l'action qui consiste à remettre la pointe au corps dans la ligne même où l'on a attaqué et sur un adversaire qui a paré sans riposter, ou riposté à temps perdu, ou encore qui a fait une riposte composée.

Le redoublement. — Le redoublement est une seconde attaque portée en restant fendu, mais dans une autre ligne que celle où a eu lieu la première attaque et sur un adversaire qui a paré sans riposter. Le redoublement peut être exécuté par coup composé; dans ce cas, on peut revenir dans la première ligne d'attaque.

La reprise d'attaque. — La reprise d'attaque est une seconde attaque portée sur un adversaire qui pare sans riposter. Mais ce coup diffère du *redoublement d'attaque,* en ce que celui qui l'exécute doit reprendre la garde et se fendre à nouveau.

Le coup de temps. — L'interprétation de ce coup est donnée différemment chez un grand nombre d'auteurs. La définition suivante, celle de Jean-Louis, nous paraît être de beaucoup la plus simple et la plus compréhensible.

---

(1) On a tort, à mon avis, d'appeler ce coup *double engagement,* puisque l'engagement n'est pas une attaque au fer.

Parer est un *temps*, riposter en est un second. Si on supprime la parade (c'est-à-dire un temps) en allongeant le bras sur l'attaque portée par l'adversaire, on a fait un coup de temps. Il est important de remarquer que celui qui prend un temps ne se fend jamais.

Le coup de temps est très difficile à réussir, en raison du coup double qui se présente souvent. En ligne haute, il ne se prend que sur les attaques qui finissent en sixte. Pour les attaques qui finissent en quarte, il se prend en ligne basse, en *octave*.

Le coup d'arrêt. — Le coup d'arrêt est l'*attaque* portée sur un adversaire qui marche, qui court ou qui se prépare à attaquer. Comme son nom l'indique, il a pour but d'*arrêter* l'adversaire, sur sa marche, sa course, dans son projet d'attaque ou dans le cours même de son attaque. Ce coup est un des plus beaux qui puissent s'exécuter; il demande beaucoup d'à-propos et de vitesse. Il peut se prendre dans toutes les lignes.

Nous avons donné ici une définition simple de tous les coups principaux possibles en escrime; on trouvera à la fin du chapitre les termes et expressions spéciales le plus souvent employés par les escrimeurs. Quand l'escrimeur connaîtra bien le mécanisme et la pratique des différents coups, le maître d'armes pourra lui faire exécuter la *leçon d'assaut*.

La leçon d'assaut. — Cette leçon est le préliminaire du combat. L'élève aura dès ce moment une grande part d'initiative, il fera de son mieux pour appliquer les principes qu'on lui aura enseignés. Cependant il devra être arrêté par le professeur dès qu'il n'exécutera pas exactement les mouvements nécessaires et obligatoires pour la réussite de ses projets dans l'attaque comme dans la défense, ou encore dès qu'il ne comprendra plus la raison de ces mouvements.

L'assaut. — Après plusieurs semaines de leçons d'assaut, l'élève sera livré complètement à lui-même. Il ne sera plus guidé par le maître, afin de s'habituer à voir les mouvements de l'adversaire et à les tromper. En un mot, il devra s'efforcer d'attirer l'adversaire dans des pièges et de déjouer les siens.

Il sera important, dès ce moment, afin d'obtenir de l'élève des progrès, de l'opposer à des tireurs divers : maîtres, prévôts et amateurs, afin de le familiariser avec toutes les sortes de jeux.

RÈGLEMENT D'ASSAUT, DE CONCOURS
ET DE TOURNOI

A proprement parler, il n'y a pas de règlement d'assaut. L'assaut est une manifestation publique au cours de laquelle les assistants apprécient comme ils l'entendent le jeu, la force, la beauté, la virtuosité des escrimeurs qui se présentent devant eux. Les coups donnés et reçus ne sont jamais comptés officiellement.

L'assaut public est toujours présidé par une personnalité connue du monde des armes (maître ou amateur), qui a tous les pouvoirs pour la direction des jeux et la bonne tenue des tireurs et des spectateurs. Il doit rappeler à l'ordre les premiers s'ils n'annoncent pas ou s'ils discutent les coups de bouton, et les seconds, s'ils troublent la bonne harmonie de la réunion en faisant des réflexions désobligeantes et à haute voix sur les tireurs présents. En un mot, le président est le directeur moral de la séance.

Tournoi ou concours. — Le tournoi ou le concours est un assaut (public ou privé) dans lequel on compte séance tenante et officiellement les coups de bouton. Le pointage des coups est confié à un jury composé généralement de maîtres d'armes et d'amateurs connus (1). Depuis plusieurs années il a été élaboré de nombreux règlements de *tournoi* ou de *concours*. Le meilleur que l'on puisse donner comme modèle est celui établi par le comité de l'*Académie d'armes de Paris* (2).

Ce règlement a augmenté sensiblement et d'une manière raisonnée la zone des coups dits *valables ;* en voici d'ailleurs les articles essentiels.

Art. 2. — Le concours se subdivise en deux catégories : *1re catégorie,* pour les jeunes amateurs de 16 jusqu'à 20 ans ; *2e catégorie*, pour les amateurs au-dessus de 20 ans.

Chaque catégorie sera dotée de *3 prix*. Le règlement est le même pour les deux catégories,

____

(1) Trop souvent, hélas ! les jurés amateurs ne sont pas choisis comme il conviendrait ; ils ne connaissent pas toujours suffisamment l'art des armes.
(2) Le règlement est le même pour les maîtres et les amateurs.

Chaque concours comprend *une épreuve éliminatoire* et *une épreuve définitive.*

Art. 3. — *Du jury.* — Le jury se compose dans chaque catégorie de 5 membres : 3 maîtres et 2 amateurs. L'un d'eux pris parmi les 3 maîtres remplit les fonctions de président, directeur du combat. Les décisions du jury sont sans appel. Les membres du jury s'engagent sur l'honneur à garder le secret des délibérations et à ne se livrer à aucune polémique au sujet des décisions adoptées.

Art. 4. — *Président des assauts.* — La direction des assauts est confiée au président du jury, qui est chargé de maintenir le bon ordre et de faire observer le règlement. Il a seul le droit de donner ou de prendre la parole. Il veille à ce que les spectateurs s'abstiennent de toute appréciation ou de manifestation bruyante. En cas de corps à corps il fait remettre les tireurs en place, lorsque le corps à corps se prolonge où dès qu'il commence à être incorrect. Il ne doit tolérer aucune discussion, aucune réclamation de la part des tireurs.

Art. 5. — *Tenue des tireurs.* — Chaque tireur doit être vêtu d'une veste blanche ou de nuance très claire ; la veste doit monter haut, être suffisamment solide et non glissante. Le reste du costume peut être de nuance quelconque, mais doit aussi offrir des garanties de solidité. La ceinture placée par-dessus la veste est interdite. Les masques doivent être à double treillis, le gorgerin est également interdit. La longueur maximum des lames est celle du 5 français.

Si l'on tire avec une coquille comme garde, les bords n'en doivent pas être relevés, et son rayon maximum est de 6 centimètres. L'usage de la martingale est obligatoire.

Art. 6. — *Appréciation des coups.* — Le pointage des coups est jugé de la façon suivante : 1º seront déclarés valables tous les coups atteignant une partie quelconque du buste d'un adversaire, à l'exception du cou cependant ; 2º tous les coups atteignant le bras (jusqu'à la saignée) dans la position de la garde, c'est-à-dire plié ; 3º tous les coups atteignant le dos d'un adversaire, si celui-ci a tourné le corps pour éviter un coup à la poitrine. La passe d'armes n'est considérée comme terminée que lorsque l'un des tireurs a été touché.

Chaque tireur est tenu d'annoncer à haute voix les coups reçus par lui. L'assaut doit être toujours correct et courtois. Tout coup porté par l'un des tireurs à une partie du corps où les coups sont dits ne pas compter suffit cependant à arrêter la passe d'armes et à annuler la riposte ou la contre-riposte de l'adversaire. Les tireurs ne doivent pas insister sur le coup de bouton. Le champ gagné par un adversaire lui reste acquis. En principe, il n'est pas accordé de repos. Tout tireur qui ne se conformerait point à ces règles peut être rappelé à l'ordre par le directeur du combat, président. Un deuxième rappel à l'ordre peut entraîner l'exclusion qui est prononcée par le jury à la majorité des voix.

PARADE DE PRIME.

PARADE DE SECONDE.

FLEURET

PARADE DE TIERCE.

PARADE DE QUARTE.

PARADE DE QUINTE.

PARADE DE SIXTE.

FLEURET

PARADE DE SEPTIME.

PARADE D'OCTAVE.

Art. 8. — *Épreuves éliminatoires*. — Tous les concurrents seront assujettis à prendre part aux épreuves éliminatoires, sauf les lauréats des précédents concours. Chaque assaut aura lieu en trois coups de bouton. Les coups de bouton auront une valeur de 1 à 3. En outre une note de tenue de 1 à 10 sera donnée à chaque concurrent. A la fin des épreuves éliminatoires on totalisera les notes obtenues par chacun des tireurs, et les premiers de chaque catégorie prendront part aux *épreuves définitives*. Il sera procédé par le jury au mariage des jeux par voie de tirage au sort.

Art. 9. — *Épreuves définitives* (1). — Dans chaque catégorie, les épreuves définitives seront constituées par une poule de *8 tireurs*. Dans chaque poule, chacun des concurrents devra tirer avec les sept autres participants à la poule. Les assauts auront lieu en 3 coups de bouton (2). A chaque assaut le jury marquera les coups, qui seront discutés immédiatement et annoncés à haute voix par le président du jury.

L'adversaire qui touchera trois fois sera déclaré vainqueur de l'assaut. A la fin de la poule on totalisera le nombre des victoires et des défaites de chacun des concurrents. Celui qui obtiendra le plus grand nombre de victoires obtiendra le 1er prix. On opérera de même pour les 2e et 3e prix.

Art. 10. — Le jury est seul juge de l'interprétation du règlement et des cas non prévus qui peuvent se présenter,

Sociétés importantes. — Citons en première ligne l'*Académie d'armes* (3), association de maîtres d'armes enseignant à Paris, fondée en 1886, en souvenir de l'ancienne communauté des « Maistres en fait d'armes de la ville de Paris ». Elle a pour but d'établir entre eux des rapports constants et de créer un centre commun d'études sur leur art.

L'Académie d'armes donne deux concours chaque année, un pour les maîtres, doté de 1 000 francs de prix en espèces, et un pour les amateurs, doté de médailles de vermeil, argent et bronze.

La *Société de secours mutuels des maîtres d'armes*. — Association des professeurs qui ont créé une caisse de secours pour venir en aide à ceux d'entre eux qui sont atteints de maladies ou victimes d'accidents. Cette société est reconnue d'utilité publique. Elle donne tous les ans un grand assaut au profit de sa caisse.

---

(1) Selon le nombre de concurrents gardés pour les épreuves définitives, il peut y avoir des *demi-finales*. Dans les demi-finales les coups de bouton seuls comptent.

(2) Pour les maîtres, les assauts ont lieu en 5 coups de bouton.

(3) La première académie d'armes date de 1567 : ce fut Henri de Saint-Didier, maître d'armes de Charles VIII, qui en fut le créateur. Plus tard, en mars 1656, Louis XIV donna un blason et des armes à cette académie et anoblit les six plus anciens maîtres, avec noblesse transmissible à leurs descendants.

La *Société d'encouragement à l'escrime*. — Cette société est la plus importante et la plus ancienne des sociétés d'amateurs et est reconnue d'utilité publique. Elle organise tous les ans plusieurs grands assauts sur invitation ; le plus important est celui qu'elle donne au mois de janvier en l'honneur de l'armée.

La *Société du contre de quarte*. — Société intéressante et composée d'amateurs. Elle donne tous les ans une grande fête d'armes.

Nous ne parlerons pas ici de la quantité innombrable d'autres sociétés de moindre importance.

Fédération de l'escrime. — Société ayant pour but de lier entre elles les salles d'armes, de dresser un calendrier de l'escrime, d'établir les règlements, etc.

TERMES TECHNIQUES

Absence d'épée ou de fer. — Quitter momentanément le fer ennemi.

Appel de pied. — Frapper le sol une ou plusieurs fois avec le pied droit.

A-propos. — Savoir profiter des fautes commises par l'adversaire ou si celui-ci s'approche trop près.

Bas. — Expression qui sert à désigner les lignes au-dessous de la main du tireur dans la position de la garde.

Botte. — Ancien nom pour indiquer l'attaque.

Bouton. — Extrémité de la lame, celle qui touche l'adversaire et qui est enveloppée de fil enduit de poix.

Champ. — Espace que les duellistes ou les tireurs ont pour combattre. Il est fixé par des conventions ou délimité par la disposition naturelle du lieu de la rencontre.

Changement d'engagement. — Action de passer sous le fer ennemi.

Colichemarde. — Lame d'épée, large dans sa première moitié, et qui va, après un ressaut, en s'effilant.

Contraction. — Prendre une parade contraire.

Contre-dégagement. — Dégager sur le changement d'engagement de l'adversaire.

Contretemps. — Parade exécutée sur un coup d'arrêt (V. coup d'arrêt) pris par l'adversaire, et, par extension, quoique improprement, parade exécutée sur un coup de temps. Dans ce dernier cas, le terme exact, mais rarement employé, est parade volante.

Coquille. — Garde de forme hémisphérique, réservée, originairement à l'épée, et que l'on commence, sous l'influence de l'école italienne, à adapter au fleuret.

Coup d'arrêt. — Attaque exécutée sur la marche ou les préparations d'attaque de l'adversaire.

Coup droit. — Attaque simple consistant dans le développement simultané ; 1° du bras armé dans la ligne même de l'engagement ; 2° des jambes.

Coup de temps — Attaque simple, se réduisant le plus souvent à la simple extension du bras armé, sans déplacement des jambes, exécutée sur la finale d'une attaque de l'adversaire.

Coup droit de revers. — Changer la position de main (de supination en pronation ou vice versa) en faisant décrire un grand cercle à la lame.

Croisé. — Parade qui consiste à s'emparer du fer ennemi en décrivant un arc de cercle et en l'enchaînant d'une ligne haute dans une ligne basse ou vice versa.

Dedans. — Expression qui sert à désigner la ligne de quarte.

Dedans-bas. — Expression qui sert à désigner la ligne de septime.

Dehors ou dessus. — Expression qui sert à désigner la ligne de sixte.

Dehors-bas. — Expression qui sert à désigner la ligne d'octave.

Demi-cercle. — Parade demi-circulaire.

Dérobement. — Attaque finissant en ligne basse.

Désarmer. — Faire sortir l'arme de la main de l'adversaire.

Dessous. — Terme général qui sert à définir les coups se terminant en ligne basse.

Doigté. — Action des doigts.

Double-contre. — Parade composée et deux fois circulaire.

Échappement. — Glissade du pied gauche en arrière.

Esquive. — Mouvement du corps, combiné ou non avec un mouvement des jambes, ayant pour effet de placer le but visé par l'adversaire en dehors de la ligne d'attaque.

Faible. — Terme qui sert à désigner la partie de la lame du côté du bouton.

Fausse attaque. — Simulacre d'attaque pour surprendre l'adversaire.

Feinte. — Action quelconque, le plus souvent de la pointe, destinée à provoquer, de la part de l'adversaire, une réaction dont on entend profiter pour placer une attaque.

Flanconnade. — Nom donné à tous les coups qui se portent au flanc de l'adversaire.

Fort. — Partie de la lame la plus rapprochée de la garde du fleuret ; partie avec laquelle on doit parer.

Garde. — 1. Position d'équilibre du tireur, dans laquelle il se trouve également prêt à l'attaque et à la défense. 2. Appareil de formes très variées que l'on ajuste à la lame dans un plan perpendiculaire à sa longueur, et avant la poignée, afin de protéger les doigts et la main du tireur.

Gaucher. — Escrimeur qui se sert de la main gauche.

Haut. — Expression qui sert à désigner les lignes au-dessus de la main du tireur, dans la position de la garde.

Hauteur. — Les coups *en hauteur* sont les attaques, parades ou ripostes composées qui se portent d'une ligne haute à une ligne basse ou vice versa.

Invite. — Mouvement de la lame, ayant pour effet d'ouvrir une ligne à l'adversaire, afin de l'engager à attaquer dans cette ligne.

Justesse. — Précision du tireur qui touche l'adversaire à l'endroit voulu.

Liement. — Enveloppement circulaire du fer de l'adversaire. Le liement est une parade.

Ligne (être en). — 1° Se dit d'un tireur dont les mouvements offensifs et défensifs sont rigoureusement coordonnés. 2° Se dit de la lame de l'arme placée dans une position correcte et utile d'attaque ou de défense.

Martingale. — Lanière ou cordonnet, nouée à la poignée de l'arme, de manière à former une boucle où le tireur insère les doigts de telle sorte que, malgré les désarmements, le fleuret ou l'épée ne puisse tomber à terre ou voler en l'air.

Menacé. — Feinte faite à l'adversaire pour l'obliger à se défendre.

Mesure. — Être à portée de l'adversaire.

Monture. — Appellation de la partie du fleuret qui comprend la garde, le garde-pouce, la poignée et le pommeau.

Moyen. — Partie de la lame comprise entre le fort et le faible. C'est avec cette partie qu'on doit exécuter les attaques à l'épée.

Mur. — Exercice qui consistait dans l'ancienne escrime à mettre le pied gauche contre un mur et à se faire attaquer afin d'acquérir de la vitesse dans les parades. — Dans l'escrime militaire, synonyme de l'expression *Salut des armes.* (V. ce mot.)

Opposition. — Parade sans choc apparent, qui écarte en accompagnant le fer ennemi en dehors de la ligne.

Passe d'armes. — Enchaînement d'attaques, de parades et de ripostes.

Passement de pied. — (En avant ou en arrière.) *En avant*, porter le pied gauche en avant et à 10 centimètres du pied droit. *En arrière*, porter le pied droit en arrière et à 10 centimètres du pied gauche.

Plastron. — Vêtement en peau rembourrée que le maître d'armes met sur sa poitrine à l'heure des leçons pour se préserver des coups.

Pointe d'arrêt. — Petite pointe terminée à une de ses extrémités par une large tête plate que l'on lisse sur le méplat du bouton d'une arme courtoise à l'aide de plusieurs tours de fil poissé, en laissant dépasser seulement 1 ou 2 millimètres de pointe.

Pointer. — (Sabre.) Porter le coup de pointe ou en faire la menace.

Préparation d'attaque. — Action de combiner une attaque.

Pronation. — Position de la main, les ongles tournés vers la terre.

Redoublement. — Attaque portée, dans la position de la fente et sans reprendre la garde, immédiatement après une première attaque parée.

Remiser. — Remettre, par l'action seule des doigts, la pointe dans la ligne d'attaque, après qu'elle en a été écartée par une action quelconque de l'adversaire.

Reprise. — Exercice de la leçon d'une durée de dix à douze minutes (deux reprises constituent la leçon d'armes proprement dite). En duel, les reprises ne durent habituellement que deux ou trois minutes, selon les conventions.

Rompre la mesure. — S'éloigner de l'adversaire.

Salut des armes. — Formule de politesse vis-à-vis du public et de l'adversaire avant de commencer l'assaut. Ce qu'à l'escrime militaire on appelle à tort le « mur ».

Sentiment du fer. — Instinct qui caractérise l'escrimeur expérimenté, qui lui donne une sorte de divination dès le contact de la lame ennemie.

Serrer la mesure. — Se rapprocher de l'adversaire.

Soie. — Partie effilée de la lame faisant suite au talon et destinée à supporter la poignée et le pommeau.

Supination. — Position de la main, les ongles tournés vers le ciel.

Tenue d'épée. — Manière de tenir l'arme pour l'attaque et pour la défense.

Une-deux-trois-quatre. — Attaque composée, comprenant quatre mouvements, trois feintes et le coup porté.

Une-deux trompé le contre. — Attaque composée, comprenant trois mouvements, deux feintes et le coup porté.

Volte. — Action de tourner l'adversaire en décrivant un grand cercle, de manière à prendre sa place et à le mettre à la sienne.

Expressions propres à l'escrime. — *Avoir de la main.* — Être bon pareur.

Avoir des jambes. — Être bon attaqueur.

Avoir de la tête. — Savoir combattre intelligemment.

Avoir de l'épaule. — Faire agir inutilement cette partie du corps. Défaut commun à beaucoup d'escrimeurs.

Avoir de l'œil. — Percevoir vite et bien les mouvements de l'adversaire.

Avoir tort. — Se tromper dans l'exécution de certains coups.

Caver. — Sortir des lignes pour porter un coup quelconque.

Corps à corps. — Rapprochement excessif des deux adversaires.

Coup jugé. — Combinaison du jugement et de la précision dans l'exécution d'un coup.

Coup double. — *Coup fourré.* — *Coup pour coup.* — Même signification. Coups portés simultanément par les deux adversaires qui se touchent en même temps.

Donner le fer. — Joindre le fer avec celui de l'adversaire.

Être découvert. — Ne pas fermer la ligne du côté de la lame ennemie.

Être croisé. — Ne pas avoir les deux talons placés sur une même ligne.

Faire des conversions de main. — Tourner la main en supination ou pronation, suivant le cas.

Jeu. — La définition du mot jeu en escrime est la manière toute personnelle de combattre un adversaire en respectant les principes de l'art des armes. — *Avoir beau jeu.* Faire correctement et classiquement. — *Avoir mauvais jeu.* Faire sans principes et incorrectement. — *Avoir le jeu dur.* Mettre trop de force de l'épaule ou du bras dans l'exécution des parades.

Phrases d'armes. — Suite de contre-ripostes d'une durée plus ou moins longue.

Pied ferme (de). — Attaquer ou parer sans bouger le pied gauche.

Sauter. — Faire quitter le sol aux deux pieds à la fois, soit pour se rapprocher, soit pour s'éloigner de l'adversaire.

S'ébranler. — Se mettre en mouvement pour attaquer.

Se couvrir. — Action d'opposer le fer au fer ennemi pour se protéger dans l'une ou l'autre ligne.

Se dérober. — Se déplacer à temps pour éviter un coup.

S'écraser sur les jambes. — Fléchir fortement sur les deux genoux.

Se loger. — Savoir calculer la distance pour atteindre l'adversaire.

Tromper le fer. — Éviter le fer ennemi lorsqu'on veut faire une attaque composée.

KIRCHHOFFER.

Duel du duc de Montmorency-Boutteville contre le comte de Beuvron.
Place Royale. (Époque Louis XIII.)

Épée

L'HISTOIRE de l'escrime à l'épée est fort courte, car cette nouvelle escrime, qui est vis-à-vis de l'ancienne une sorte de schisme, de réforme, date d'hier. S'il y eut peut-être des tireurs d'épée en 1885 ou 1886, on peut pourtant dire que l'escrime à l'épée n'a pas plus de vingt ans d'existence.

Comment naquit-elle? Beaucoup ont entendu dire : « Les plus forts en escrime se font tuer ou blesser en duel, » et aussi que « sur le terrain les inexpérimentés sont les plus dangereux adversaires ».

Des exemples nombreux appuyaient l'autorité de ces deux trop exacts dictons. On citait des cas invraisemblables d'escrimeurs entraînés, voire célèbres, qui, malgré leur quinze ans de salle, recevaient un mauvais coup d'un adversaire ignorant et qui piquait devant lui n'importe comment. Longtemps ces invraisemblables résultats furent attribués au hasard ; mais un moment vint, toutefois, où l'on commença à penser que le hasard avait peut-être trop bon dos et que l'escrime au fleuret manquait décidément de qualités pratiques. Certains amateurs et professeurs se mirent, au lieu de ne compter comme jadis les coups qu'à la poitrine, à les compter partout — puisqu'en duel ils blessent partout ! — et, au lieu de se servir du fleuret, ils adoptèrent l'épée, puisque c'est, non avec le fleuret, mais avec l'épée, arme très différente, que l'on se bat ! Ces novateurs remportèrent en assaut et en duel des succès extraordinaires. Leurs idées rencontrèrent pourtant une résistance violente dans le monde de l'escrime, monde qu'elles finirent par conquérir presque entièrement.

L'épée. — L'arme a toujours fait l'escrime : l'épée pesante à quillons énormes du xvi° siècle ne pouvait se manier comme la légère épée Louis XVI !

De même l'épée moderne de duel impose une escrime différente de celle du fleuret.

Celui-ci est quadrangulaire, flexible, léger, courbé, muni comme garde d'une sorte de double anneau très étroit ; l'épée est triangulaire, relativement pesante, rigide, droite, et elle porte comme garde une grosse « coquille », large de 13 à 14 centimètres, profonde de 4 à 5. Il est évident que ces deux armes requièrent un maniement différent, c'est-à-dire une escrime différente.

La garde. — Ces deux armes, tenues devant le corps, le protègent selon un angle qui a pour sommet la pointe et dont les côtés passent le long de la garde. Les parties du corps qui se trouvent dans l'angle derrière la garde ne pourront être atteintes.

Nous savons que l'angle de l'épée — le cône si nous voulons nous placer au point de vue de la géométrie dans l'espace — est beaucoup plus étendu que celui du fleuret. L'épée aura donc beaucoup moins besoin, dans la défensive, de se déplacer que le fleuret ; au lieu de parer en écartant par un battement le fer de l'adversaire, — ce qui dérange le nôtre de la ligne droite, — nous parerons plutôt en opposant à l'attaque notre coquille et la partie supérieure de notre lame, *sans que notre pointe quitte la ligne* (*fig.* 2) ; si elle la quittait, elle laisserait le bras et la main découverts, qui sont les parties du corps les plus rapprochées de l'adversaire, celles qu'il peut atteindre le plus facilement

FIG. 1. — LA GARDE D'ÉPÉE.
PROFESSEUR BOUCHÉ.

Les photographies de ce chapitre ont été exécutées sous la direction de M. J. Joseph Renaud.

FIG. 2. — UNE PARADE DE SIXTE.

FIG. 3. — ARRÊT EN LIGNE HAUTE SUR UN COUP BAS, EN « RASSEMBLANT ».

FIG. 4. — LE CROISÉ AU FLANC.
(La main de l'attaquant reste haute.)

par surprise et que nous devons donc constamment garantir.

Voici déjà une première et considérable différence de jeu que nous impose la différence d'armes : *la défensive se composera d'oppositions prises sans que la pointe quitte la ligne.*

L'absence des conventions nous impose de suite une autre différence non moins grande. A l'épée, il faut protéger *tout le corps* et non pas seulement la poitrine. D'où, semble-t-il, la nécessité pour parer, — par exemple, des attaques à la jambe ou à la tête, — de baisser ou de lever beaucoup l'épée ; mais nous venons de voir qu'il faut toujours rester *en ligne* sous peine de découvrir le bras, la main, le poignet, ce qu'on appelle *les avancés!*... Comment faire ? Éloignons de nous notre pointe en allongeant beaucoup le bras ; laissons à celui-ci juste assez de flexion pour qu'il conserve de la souplesse et quelque autorité dans les feintes qui, à l'épée, s'appuient d'ailleurs de mouvements du buste en avant. Cette garde très allongée, où le bras continue en exacte ligne droite et horizontale l'épée elle-même, constitue à elle seule une défensive. Le corps est presque impossible à atteindre par une offensive directe de surprise, alors que la garde plus raccourcie du fleuret permet à un adversaire supérieur comme vitesse de vous surprendre par la rapidité de sa première attaque ; peu importe, à l'épée, si vous avez reçu le premier coup, que vous compensiez « ensuite » votre infériorité de vitesse avec telle ou telle tactique ; sur le terrain, « ensuite », c'est trop tard, et le but de l'épée est de préparer au duel! Il n'y a qu'un coup qui compte : le premier!...

Avec cette garde vous ne pouvez être atteint directement ni à la droite de votre épée (qui, disons-le pour nous orienter, est aussi votre droite), ni en dessus, ni au-dessous ; l'adversaire qui voudrait toucher quand même devrait prendre une ligne oblique et se transpercerait lui-même le bras ou le corps ; vous n'auriez pas à bouger, toute sa vitesse ne lui servirait qu'à s'enferrer. A peine pourrait-il arriver, en filant à gauche de votre épée, à faire coup double. Mais passez votre pointe sous sa lame sans vous presser, puis ramenez cette lame à votre droite, c'est-à-dire là où elle ne peut vous nuire. On appelle ce petit mouvement de l'épée *contre de sixte* (*fig*. 2).

Il est nécessaire que le lecteur de ce chapitre ait quelques notions d'escrime classique ; s'il ne les possède pas, qu'il lise avec une grande attention le chapitre précédent : LE FLEURET, du maître Kirchhoffer.

Le tireur qui attaque devra soit s'emparer du fer (voir plus
loin), soit déranger — difficilement! — la garde en question
par des feintes, des froissés, des battements, etc., ce qui laisse
un certain répit, au moins le temps d'étudier la manière de
celui à qui l'on a affaire.

Bien entendu, les commençants seuls ou ceux qui se sentent
en état d'infériorité devront se tenir *toujours* dans la garde dont
nous venons de parler; il faut la considérer comme une attitude
d'*expectative*, d'*observation*.

Tactique générale. — Nous l'avons dit, si l'adversaire veut
tirer à la figure, ou dans le haut du buste, en passant au-dessus
de la garde, il suffit de tendre le bras, il s'enferre lui-même. En
effet, il prend une ligne oblique et vous une ligne droite. De
même, s'il tire en bas; vous n'avez qu'à allonger le bras; pour
plus de sûreté, vous pouvez alors ramener le pied droit contre le
pied gauche. Ce mouvement s'appelle *rassembler* (*fig.* 3).

C'est donc une faute à l'épée de tirer trop bas ou trop haut si
l'adversaire a une position normale et la garde indiquée plus
haut. Je ne conseillerai à personne de tirer bas, à la jambe, par
exemple, même si l'adversaire ayant les pieds trop écartés l'expose beaucoup et si sa garde trop courte permet une attaque
franche. Il peut brusquement revenir en ligne, par intention ou
par hasard, et vous vous enferrez.

Mais je préconise l'attaque au visage, *si la tête est penchée en
avant et le bras trop raccourci.* Notons qu'un grand nombre d'escrimeurs — les tireurs de fleuret surtout — ont le défaut de
s'incliner en avant. Pour qu'ils ne puissent pas revenir soudain
en ligne au moment de votre attaque, je conseille de commencer
par une brusque feinte à la main, puis, sans arrêt, d'aller à la
figure. D'ailleurs peu d'adversaires menacés ainsi, vivement, au
visage auront le sang-froid de revenir en ligne. Beaucoup, atta-
qués à la jambe, y reviendront, mais le coup au visage a un effet
moral considérable.

Opposer ainsi un coup d'épée donné en ligne droite à un coup
donné en ligne oblique s'appelle *donner un coup d'arrêt* ou *arrêter*.

La *fente* à l'épée est pareille à celle du fleuret. Mais il est nécessaire que le corps reste toujours bien droit, que le visage ne
s'incline pas en avant. Elle doit être aussi étendue que possible.
A la leçon, le professeur doit habituer son élève à toucher de

loin. Bien entendu, si celui-ci se bat en duel sur un terrain glissant, il devra se fendre avec plus de réserve. Mais il doit être capable, sur un sol convenable, de placer un coup d'allonge à fond. Certains maîtres d'épée ont le tort de n'enseigner que la demi-fente ; c'est une regrettable restriction.

Au fleuret, la poitrine est la seule cible. A l'épée, on tire partout. J'ai déjà dit mon opinion sur les coups dirigés très haut et très bas.

Offensive. — Voyons maintenant les attaques aux avancés (main et bras). Le coup droit est la plus fréquente. Si par fatigue, énervement, mauvais principe, ou toute autre raison, un tireur quitte la garde indiquée figure 1, il peut être touché aux avancés. Souvent il a les avancés couverts du côté de votre épée, découverts de l'autre. Alors le dégagement est indiqué. S'il pare avec des *contres de sixte* bien faits les coups aux avancés, le *doublé* est malaisé, mais s'il lève la main en parant ce contre, comme tous les tireurs de fleuret, vous toucherez facilement l'avant-bras par un *doublé dessous*. Le contre de quarte se trompe sans difficulté par un doublé dessus à l'avant-bras ou au bras. *Une-deux trompé* peut s'exécuter aussi.

Pour appuyer des attaques directes aux avancés, le *battement* ou *froissé* de *seconde* et de *tierce* suivi d'un coup droit est excellent, à condition qu'avant de se fendre on fasse bien reprendre à la main la position qu'elle doit avoir pour être couverte, c'est-à-dire qu'elle tourne les ongles en dessus.

Comme défensive je considère sixte et, aussi, naturellement le contre de sixte comme excellents pour garantir les avancés. Quarte et le contre découvrent l'avant-bras. La tierce découvre l'intérieur du bras et la seconde en expose la partie supérieure.

Attaquer au corps n'est pas plus difficile à l'épée qu'au fleuret, mais des procédés complètement différents doivent être employés. Au fleuret, on feinte et on se fend directement au corps ; en effet, au fleuret, le tireur attaqué *doit* parer ; la convention lui donne tort s'il allonge le bras dans l'attaque de son adversaire ; celui qui à l'épée ferait une feinte ou une attaque directe au corps sans autre préparation risquerait d'être mis de suite hors de combat par un coup d'arrêt.

Il faut, à mon avis, pour aller sûrement à la poitrine, inquiéter d'abord fortement les avancés par une suite de feintes autoritaires et de demi-attaques. Si l'adversaire replie le bras devant elles, il ouvre le chemin ; soudain vous quittez la direction de sa main et vous filez au corps. Si, sans replier le bras, il prend des parades, trompez-les au corps ou, mieux, trompez-en quelques-unes successivement au bras, en avançant pour vous loger, et, arrivé à bonne distance, trompez au corps.

A égalité de vitesse, il ne faut jamais terminer une attaque dans la ligne de quarte. Si l'adversaire tend, c'est — au moins — le coup double assuré ; dans des attaques de ce genre, quoi qu'en pensent les fleurettistes, vous ne pouvez jamais être couvert. Même, si la tension est faite vivement, si l'adversaire est plus grand que vous, votre attaque n'arrive pas, vous êtes touché seul. En sixte, au contraire, si vous avez bien les ongles en dessus, si vous maintenez votre coquille bien à votre droite, le coup double est impossible.

Parades et ripostes. — Sous aucun prétexte, il ne faut, à la remise en garde, parer en repliant le bras. La remise en garde est toujours un *temps* délicat ; donc conservez-y la position prudente de la garde ; au besoin même, si vous redoutez la riposte ou l'attaque dite « à la remise en garde », gardez en parant le bras tout à fait allongé.

D'ailleurs, contrairement aux principes de fleuret, les parades d'épée doivent être prises plutôt *en allongeant le bras*. En effet, si l'on prend, par exemple, un contre de sixte en raccourcissant le bras, on retire la pointe du chemin que l'adversaire doit parcourir pour tromper ce contre par un *doublé dedans*, on lui ouvre bénévolement ce chemin ; au contraire, si on prend ce contre en allongeant un peu le bras, le *doublé dedans* demande alors une précision, une finesse extraordinaires ; si l'adversaire le prend large, il se jette lui-même dans la pointe. Bien entendu, un deuxième contre pris le bras allongé et en avançant l'épaule peut suivre le premier.

Essayez de tromper par *une-deux* la parade de quarte prise en allongeant un peu le bras. Vous risquez fort de vous « jeter dans le fer. » Pour tous les mouvements défensifs il en est de même. Je conseille de ne raccourcir le bras qu'en des parades *feintes*, marquées, bien visibles, destinées à donner confiance à l'adversaire, à le décider à une attaque à fond dont on compte profiter.

Bien entendu, il importe de ne pas confondre ces parades *en allongeant* avec les tensions à outrance et à l'aveuglette envoyées au petit bonheur par des escrimeurs très inexpérimentés. Ces tensions ne doivent être enseignées qu'à celui qui se bat le lendemain ou le surlendemain et n'a jamais fait d'escrime. Certes, tout ce qu'on peut lui indiquer c'est de tendre, continuellement, de parti pris !... Mais ce jeu rudimentaire n'a jamais été de l'escrime, et il n'a jamais réussi que contre de mauvais fleurettistes, et encore s'ils sont extraordinairement imprudents.

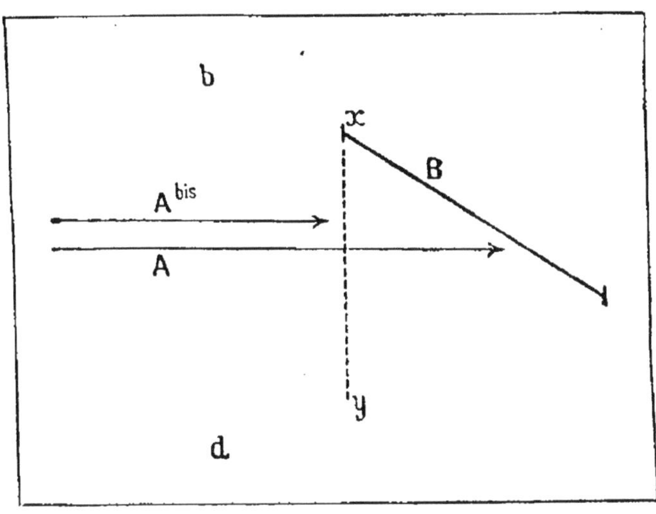

Schéma A.

Je préconise comme parades sur les attaques *au corps* le contre de sixte, la seconde, la septime haute, la quinte, et même — contrairement à certains épéistes — la parade de quarte. En effet, examinons le schéma A : A représente l'attaque, B le corps qui est placé obliquement à celle-ci ; sixte ou contre de sixte qui tendrait à chasser l'épée dans la direction *b* ne sert donc qu'à ramener vers le corps d'attaque ; quarte ou contre de quarte la chasse au contraire utilement vers *d*. Chaque fois, donc, que l'attaque aura dépassé la ligne pointillée *xy*, il vaudra mieux parer *quarte* que *sixte* ; pour parler moins théoriquement, je dirai que les offensives très allongées, très fournies (A), seront parées plutôt en quarte qu'en sixte, et qu'au contraire les offensives un peu retenues, courtes (A *bis*), seront plutôt parées par sixte et contre de sixte, qui ne laissent pas de place comme quarte et contre de quarte pour un facile redoublement aux avancés.

Défaut plus grave, la riposte droite après quarte expose fort à la remise basse ou haute. A moins que la parade n'ait trouvé « beaucoup de fer », quarte a valu sur le terrain plus de remises qu'elle n'a touché de ripostes. Pour pouvoir sans risque exécuter cette riposte, il faut que la parade soit prise sur un coup d'allonge tiré à fond *avant* que le pied de l'attaquant ait touché le sol ; autrement je conseille de commencer une riposte droite sans l'exécuter et sans lâcher la lame, et, si *on sent* venir une remise, de la parer d'une *quinte* sévère et tirer droit ; si on *sent* une parade, quarte, par exemple, riposter en dégageant — ou en *coupant* — la main bien tournée, les ongles dessus, la coquille à droite.

Après le contre de sixte, il faut au contraire riposter de suite et même, autant que possible, en liant la riposte à la parade pour que l'adversaire n'ait pas le temps de redoubler en changeant de ligne ou en *bourrant* sur la même ligne.

La parade de seconde doit être prise en *fouettant*, violente, si on veut riposter dessus afin d'éviter la remise possible en ligne basse. Il faut, au contraire, la prendre légère, en *opposant*, en filant en avant si l'on veut riposter en ligne basse, — ce que d'ailleurs je conseille peu. *Seconde* est une parade facile à tromper et dont, à égalité de vitesse, il est prudent de s'abstenir. Sur les attaques basses quelles qu'elles soient, le coup d'arrêt, la simple tension du bras en *rassemblant* (*fig.* 3) constitue la meilleure défensive.

Je déconseille la *septime basse* vraiment trop facile à tromper, mais surtout contre les gauchers, la *septime haute* peut rendre des services à un escrimeur qui la possède bien.

La *tierce* est une parade autoritaire, facile, et qui ne laisse place à aucune remise. Naturellement, comme toute parade d'*épée*, elle doit être prise le bras presque tendu. Mais elle dégarnit un peu la ligne du *dedans*. Il faut lui préférer la *sixte*.

La *quinte* peut être utile de très près — surtout contre les remises.

La *prime* doit être laissée aux tireurs de sabre. La parade d'*octave* n'existe que dans les traités. Personne ne s'en est jamais servi. Que les épéistes se gardent bien de penser même à l'essayer !

Contre le bras tendu. — Mais, me direz-vous, si l'adversaire n'attaque pas, ne forme aucune parade et se contente de tendre le bras dès que je prends l'offensive?

Certes, c'est là un jeu très simple et très embarrassant. Il a permis à des quasi ignorants de se sortir heureusement de duels avec des adversaires beaucoup plus forts qu'eux. J'entends par *heureusement* qu'ils blessaient *un peu* ou n'étaient blessés *qu'un peu*. Parfois cependant il arriva qu'un tireur violent, trop sûr de soi, pour avoir voulu placer une attaque à fond sur un de ces tendeurs à outrance, s'est lui-même gravement blessé.

Quand, en duel ou en assaut, on a affaire à un tireur de ce genre, il faut tout d'abord penser... qu'on ne risque pas grand'chose ! En effet, ce procédé de tension à outrance, de bras rigidement allongé nuit tout à fait à l'offensive. Tout ce qui peut vous arriver, c'est... de vous toucher vous-même ! Donc, ne vous pressez pas !

Voyez d'abord si l'adversaire, quand vous voulez vous emparer de son fer, résiste à votre prise ou la dérobe en remettant constamment la pointe en ligne.

Dans le premier cas le croisé au flanc est excellent. Mais il doit être exécuté très vite en prenant le *faible* de l'épée adverse avec votre *fort*, et en gagnant bien en avant, un peu comme un coup droit au flanc et non comme une pression suivie d'une attaque (*fig.* 4). Bien *tâter* l'adversaire d'abord ! Être sûr qu'il résistera et ne dérobera point! Au besoin, essayer d'abord de croiser en prenant son *fort* avec votre *faible*. Bien entendu, vous n'y parviendrez pas, mais vous aurez vu s'il a le dérobement en main ; et puis la facilité avec laquelle il aura résisté à votre prise *feinte* lui donnera confiance, et vous ne toucherez que mieux ensuite quand vous saisirez son *faible* avec votre *fort*.

Mais le cas le plus fréquent, de beaucoup, est le second ; *l'adversaire dérobe.* Ici le croisé direct est d'autant plus dangereux que les professeurs de fleuret vous ont peut-être mis dans la tête que sur un bras tendu il faut exécuter le croisé, et que malgré vous, quoique soupçonnant le péril, vous ne résisterez pas à l'envie de suivre tôt ou tard ce mauvais conseil. L'adversaire cédera sans replier le bras, remettra en ligne sa pointe à peine écartée, et vous vous piquerez vous-même le bras ou le visage. Vous vous trouverez dans la position de l'attaquant de la figure 3.

Les battements ou coups droits n'obtiendront aucun résultat ; si vous faites suivre notre battement d'une autre attaque que le coup droit, vous vous verrez encore.

Ce jeu a réussi à tant de tireurs parce qu'il est très *simple*, et qu'il exige pour être combattu une *offensive complexe*. Certes cette offensive complexe le pénètre *certainement*, mais peu de tireurs la possèdent encore bien.

Les épéistes d'aujourd'hui ont tous commencé peu ou prou par être des fleurettistes, et au fleuret on ne rencontre jamais de jeu semblable de par la convention qui vous défend de tendre, et surtout de tendre à outrance !

Voyons : le croisé, si mauvais comme attaque directe, devient excellent comme feinte. Vous l'exécutez en marchant sans vous fendre, sans allonger tout à fait le bras ; et cela *brusquement*, les ongles dessous et en marchant d'un grand pas, en « rentrant dans » l'adversaire (*fig.* 5). Celui-ci, sentant votre prise, revient en ligne haute (*fig.* 6), mais vous avez réservé votre fente, vous êtes très près de lui, la soudaineté de votre offensive l'a déconcerté. Quelque prise que vous tentiez maintenant, elle a bien des chances d'être efficace. Je vous conseille surtout la sixte tirez droit, ou tierce tirez droit (*fig.* 7), quoique vous puissiez exécuter un second croisé au flanc s'il dérobe le premier en se penchant en avant la main très haute. S'il dérobe au contraire le haut du corps en arrière, exécutez sixte dessous ou tierce dessous.

S'il est tout à fait expert en dérobement, si sa pointe mobile à outrance ne vous semblait pas encore bonne à prendre après la feinte de croisé, vous pourriez exécuter une seconde feinte de croisé, puis votre prise de sixte ou de tierce, puis encore lier ce fer fuyant d'un *contre de sixte* ou d'une *septime enveloppée*, le tout *en gagnant toujours en avant*. Aucune anguille ne se sortirait des mailles de ces prises successives et *progressives*.

Je souligne le mot *progressives*. On doit *gagner* en prenant le fer comme en le trompant : vérité connue de peu de tireurs. Supposez trois prises successives ; chacune doit *gagner* sur la précédente comme chacun des mouvements de l'attaque dite *une-deux-trois* gagne sur celui qui le précède. La troisième prise s'exécutera de tout près ; ainsi seulement l'attaque qui la suivra — attaque forcément courte, portée avec une demi-allonge — ne risquera rien de la tension ; pour l'éviter, l'adversaire serait

FIG. 5. — PRISE DE FER SUR LE BRAS TENDU.

1ᵉʳ TEMPS : feinte de liement de seconde.

FIG. 6. — PRISE DE FER SUR LE BRAS TENDU.
2ᵉ TEMPS : le dérobement est paré d'une tierce longue en s'avançant.

FIG. 7. — PRISE DE FER SUR LE BRAS TENDU.
3ᵉ TEMPS : coup droit au corps.

FIG. 8. — IN-QUARTATA
VUE DE FACE.

L'attaque tirée dans la direction du bonhomme placé contre le mur ne rencontre rien, et l'attaquant s'enferre
lui-même.

FIG. 9. — PASSATA
SOTTO.

L'attaque est tirée dans la direction de
la poitrine du bonhomme, l'attaquant
s'enferre lui-même et son coup passe
au-dessus de l'adversaire.

forcé de parer — et l'adversaire qui fait ce jeu de tension et de dérobement *ne sait pas parer.*

Rompre. — Je conseille de ne rompre qu'avec réserve et à tout petits pas. En reculant on évite, certes, d'être touché, mais on s'enlève à soi-même toute chance de toucher. En tout cas, il ne faut rompre que juste assez pour ne pas recevoir l'attaque qui vous a surpris, qui est envoyée avec tant d'à-propos que vous sentez que la parade ne suffirait pas. Rompre « beaucoup à la fois », c'est perdre du terrain inutilement, c'est perdre des occasions de toucher. Certains tireurs sont déconcertants par leur seule science de rompre avec justesse ; l'attaque qui les menaçait tombe et ils sont pourtant assez près de l'adversaire pour pouvoir l'attaquer efficacement à sa remise en garde, ou bien le parer-riposter ou l'arrêter si, ainsi que cela arrive souvent, il se relève en avant et *redouble.* Ce redoublement est même d'ordinaire si large, si mal exécuté que la simple *tension* suffit ; certains tireurs se sont spécialisés dans cette défensive ; ils évitent en rompant à peine, d'une demi-semelle parfois, les attaques qu'ils jugent bien exécutées, dangereuses, et en parant-ripostant, ou arrêtant *sans rompre*, celles qui leur paraissent plus lentes, larges, mal faites. Rien n'est plus gênant qu'un adversaire qui rompt *avec adresse.*

Les fleurettistes préconisent la parade de pied ferme. A la salle il est excellent que le professeur entraîne ses élèves à parer sans rompre de rapides attaques. Et cela afin de leur développer une réelle vitesse de défensive. Mais en assaut sérieux j'estime qu'il faut mélanger les parades de pied ferme et les parades en rompant : le jeu mobile qui en résulte est beaucoup plus difficile à pénétrer. Il permet des combinaisons sans nombre. Pour placer une bonne riposte, rien n'est plus pratique que de parer une ou deux fois en rompant, par exemple, vous ramassez diverses attaques par des contres de quarte en rompant ; l'adversaire finira certainement par *doubler dessus* ou en marchant ou de pied ferme, mais *très à fond*, et cette fois vous parez sans rompre un *contre de quarte tierce* violent dont l'effet est certain, ou bien vous prenez le *temps* sur le doublé dessus. A l'épée, il est difficile d'amener un adversaire défiant à s'engager. Faire alterner des parades de pied ferme et des parades en rompant est un des meilleurs moyens d'y parvenir.

Divers. — Le *coupé* est proscrit par d'excellents maîtres d'épée. Baudry, surtout, ne l'enseigne pas. Certes devant une épée horizontale, il est fort dangereux. Mais les cas sont assez nombreux où l'on peut pourtant l'utiliser en riposte, notamment quand l'adversaire reste fendu devant vous la pointe un peu haute, et chaque fois qu'on se trouve assez près de lui pour ne le pouvoir toucher sans retirer le bras en arrière, sans *bourrer*. Combiné avec le dégagé, il peut être excellent. Vous avez affaire à quelqu'un qui, en garde de sixte, pare quarte très bas ; l'*une-deux dessus* est indiquée ; mais vous redoutez qu'au lieu de parer l'adversaire tende... exécutez non l'*une-deux dessus,* mais une légère feinte de coup droit suivie d'un *coupé dégagé dessus;* si l'adversaire tend, le *coupé* forme parade ; s'il pare, sa main « s'emballera » encore mieux. Le coupé dégagé, pris le bras bien tendu, présente l'aspect d'une sorte de contre et comporte moins de danger qu'on ne croit. Employé à propos, il touche violemment et sans exposer l'attaqueur.

Jeu italien. — L'escrime italienne, que les Pini, Greco, Sartori et autres, élevèrent *au moins* au niveau de l'escrime française *au point de vue du fleuret*, n'existe pas devant notre école d'épée actuelle. Les plus forts maîtres et amateurs d'outre-Alpes tiennent peu devant nos épéistes, même médiocres. On ne peut y prendre que la science du *contretemps;* nos voisins savent à merveille provoquer une tension de l'adversaire pour s'emparer du fer. Mais leurs attaques sont faites le bras raccourci et leurs ripostes *plaquent* neuf fois sur dix — ainsi que de nombreux duels en ont offert des exemples. Parmi les coups appartenant spécialement à l'escrime italienne je ne vois guère que l'*in-quartata* qui puisse présenter des avantages, et cela devant un adversaire qui cherche à faire coup double, qui attaque violemment et un peu en *bourrant;* au lieu de lui *tendre la perche* simplement, on porte le pied gauche à droite en pivotant sur le pied droit, tout en allongeant le bras ; il ne trouve plus rien devant lui... que la pointe ! (Voir *fig.* 8.)

L'*in-quartata* est un coup à travailler. Quand on le possède bien, il peut dans un moment de surprise être fort utile. La *passata sotto* peut s'exécuter sur un adversaire qui attaque par des coupés en marchant, et en se cachant derrière son bras, comme le font beaucoup d'Italiens. Elle consiste à se fendre en arrière en arrêtant en ligne basse. (Voir *fig.* 10.)

Contre un gaucher. — Le jeu du gaucher, à l'épée, est beaucoup moins gênant qu'au fleuret. Ce qui, à cette dernière arme, rend les gauchers difficiles, c'est moins leur habitude de rencontrer les droitiers — alors que ceux-ci ne tirent qu'exceptionnellement avec des gauchers — que la difficulté où l'on se trouve d'atteindre leur poitrine. En effet, ils offrent le dos, le cou, la tête, le bras, la hanche, les reins, beaucoup plus que les droitiers, mais beaucoup moins la poitrine. Et au fleuret la poitrine compte seule! Et puis, ils ont une façon de se tenir qui fait passer tous les coups; nous verrons tout à l'heure comment à l'épée, grâce à la pointe d'arrêt, les coups touchent ou ne touchent pas, mais **ne passent jamais.**

La tactique à employer contre les gauchers ne diffère guère de la tactique ordinaire. Mais le contre de quarte permet de très excellentes ripostes, en ligne haute et même, sur les attaques bien fournies, en ligne basse. Souvent d'ailleurs le contre de sixte, moins bon en principe contre les gauchers, les embarrasse fort, parce qu'ils n'ont pas l'habitude qu'on leur prenne une autre parade que le contre de quarte!

Il faut attaquer les gauchers presque exclusivement dans la ligne de dessus, au bras, à l'épaule, au cou, dans le dos, au flanc, au visage, qui sont les parties de leur corps les plus exposées.

Les prises de fer doivent s'exécuter non de *seconde* en *sixte* et *sixte contre*, mais de *septime* en *quarte* et *quarte contre*. La septime, demi-basse, peu recommandable contre d'autres adversaires, est alors une excellente parade, mordante, rapide, facile, et qui permet de bonnes ripostes, surtout en ligne haute; elle suffit à parer presque toutes les attaques aux avancés des gauchers.

Concours. — En duel, c'est le premier coup qui compte. Le concours en assauts de dix minutes, ou en assauts de *cinq* coups, a donc été remplacé par le concours en assauts de *un* coup. Le duel se passe en plein air; on se bat en souliers de ville. Les concours aussi se passent en plein air, et les concurrents ont également des souliers de ville. On appelle ces concours des *poules à l'épée.* Ils réunissent des groupes de cinq à douze tireurs. Chacun fait au courant de l'épreuve *un* coup avec chacun des autres. Les coups doubles, qui au fleuret sont annulés ou comptés au bénéfice de l'un en vertu de conventions obscures, valent un coup à *chaque* adversaire. Quand la *poule* est terminée, le tireur qui a reçu le moins de coups est le vainqueur.

Un *tournoi* se compose d'un certain nombre de séries de poules : les *éliminatoires*, les premières et secondes *demi-finales*, — où l'on ne conserve que les deux ou trois premiers, — puis la *finale*, qui donne lieu à un classement définitif.

Bien entendu, l'assaut en un nombre illimité de coups ou en un certain nombre de minutes est conservé comme moyen d'entraînement. Il est même bon de ne pas abuser de l'assaut en *un* coup. Il exige, en effet, une prudence excessive, et ce n'est qu'en essayant, qu'en manquant même des attaques et des combinaisons, qu'on fait des progrès. Aussi, récemment, plusieurs épéistes notoires ont jugé que les *poules* finissaient par constituer un abus et qu'il fallait réagir.

En effet, jadis on ne tirait jamais en *un* coup de bouton, et les meilleurs champions d'alors ignoraient la patience, le jugement, l'à-propos, l'énergie qu'exige ce genre d'assaut; ils s'attentionnaient même beaucoup moins au premier coup qu'au dernier, dénommé *belle*. Ces temps-ci, nos escrimeurs, par une réaction excessive, en étaient venus à ne plus tirer qu'en *un*.

L'épée. — Tous les assauts d'épée sérieux s'exécutent à la *pointe d'arrêt*, c'est-à-dire que le bouton, fait comme d'ordinaire avec du fil poissé, renferme une pointe — un simple clou de tapissier convient à la rigueur — qui dépasse de 1 ou 2 millimètres. Sans cette pointe, le bouton glisse sur la veste, sur le masque, alors qu'en duel l'épée nue ne glisse jamais : elle pénètre! Au fleuret, on annonce continuellement comme *passés*, c'est-à-dire non valables, des coups qui en réalité passeraient... au travers du corps! La pointe d'arrêt n'a pas pour but de marquer les coups, mais seulement de les empêcher de glisser, et encore moins de faire des blessures même légères. Sans cette pointe, je le répète, il n'y a pas d'assaut d'épée sérieux.

Les lames doivent être aussi rigides que possible; en effet, vous arrêtez votre adversaire nettement, mais si votre lame est trop molle, elle plie sur sa poitrine et, au lieu de le tenir à distance, lui permet de continuer son attaque, et le public ou le jury croit au coup double. Il en est de même pour les ripostes : vous parez quarte et ripostez aussitôt; l'adversaire dès votre parade a re-

misé en retirant le bras; si votre lame est molle, on dira coup
double, et si elle est rigide, la remise n'arrivera pas. Cinquante
exemples semblables pourraient être cités.

Vêtements. — La pointe d'arrêt et la rigidité des lames nous
amènent à parler du costume.

Il doit être beaucoup plus solide et plus rembourré que celui
dont on se sert au fleuret et même à l'épée.

Le masque doit être résistant à l'extrême et de forme très
effilée, tout en profil. La veste, en grosse toile à voile, doit être
rembourrée; un col mobile et un cuissard, rembourrés aussi, ga-
rantiront utilement le cou et le bas-ventre. Rembourré aussi,
le gant, et tant pis s'il offre un peu plus de surface aux coups de
l'adversaire. Culotte courte en drap épais, solidement doublé. *Ge-
nouillères, gros bas.* Oui, je sais que c'est peu élégant et que Prieur,
le Pétrone du vêtement des escrimeurs, préférera vous voir plus
« chic ». Mais ce costume est le seul pratique; avec lui on peut employer sans inconvénient des pointes d'arrêt sérieuses et des lames
pliant peu, et s'entraîner de façon utile et pour de bon au duel.

Entraînement. — Quels sont les procédés d'entraînement
les meilleurs? Ils dépendent des individus, certes; ce qui convient à l'un peut nuire à l'autre. Pourtant quelques recommman-
dations générales sont possibles.

Je suppose que vous faites de l'escrime en vue du duel ou
mieux par plaisir, pour vous amuser: ayez d'abord un bon professeur. N'attendez pas qu'en vous indiquant ceux que je préfère
j'aille me mettre mal avec tous les autres! Je ne crois pas, cependant, outrepasser mon droit en vous disant : choisissez une salle
dont les élèves ont des succès en *duel* et dans les *concours d'épée.*
Conseil logique et bien simple ! Soyez assuré pourtant qu'il suffira à restreindre beaucoup et à bien guider votre choix !

Maintenant que vous avez une bonne salle, fréquentez-la au
moins deux fois et au plus trois fois la semaine. Commencez à
faire assaut *le plus tard possible.*

Je vous suppose maintenant arrivé à une certaine force; vous
désirez briller dans les concours. Vous avez trois procédés d'entraînement : la leçon, les *contres,* l'assaut; j'ai souligné les
contres, parce que cet exercice merveilleux est presque délaissé
aujourd'hui.

A chaque séance, plastronnez, beaucoup et à fond. Puis avec un ami, un prévôt, ou votre professeur si le cœur vous en dit, *tirez les contres,* c'est-à-dire qu'il exécute sur vous des attaques convenues que vous évitez par des parades convenues aussi, et réciproquement. Ne vous en tenez pas aux simples attaques de pied ferme, mais employez aussi, et d'une façon assidue, les attaques en marchant. *Travaillez continuellement les prises de fer, qui constituent le côté le plus nouveau, le moins connu, le plus diffi-cile, de la nouvelle escrime.* Exécutez chaque exercice d'abord len-tement, harmonieusement, puis de plus en plus vite, et enfin de toute votre vitesse.

Vous tirerez grand fruit de l'exercice des contres « de pied ferme » en l'exécutant ainsi : l'attaqué se place au bout de la piste, le dos touchant le mur, et pare — sans rompre, forcément! — les attaques de son adversaire, dont il prend ensuite la place. Pini affectionne cet exercice; je l'ai pratiqué beaucoup avec lui au fleuret et j'en ai tiré grand profit. Le mur empêche toute retraite du corps en arrière et vous oblige à une vitesse et une netteté de parade considérables.

Dans votre salle, faites des assauts d'étude, c'est-à-dire sou-ciez-vous moins du coup de bouton que des progrès. Votre main roule-t-elle mal le contre de sixte, servez-vous presque uniquement de cette parade; soyez à cause de cela battu, alors que vous pourriez avoir l'avantage en parant le contre de quarte, peu importe, c'est une défaite que vous rattraperez. Exécutez-vous bien les coups d'allonge et mal les prises de fer, recherchez les adversaires auxquels il faut prendre leur fer toujours tendu, même s'ils doivent vous battre. Craignez-vous les tireurs *de tel ou tel genre,* ne perdez pas une occasion de faire assaut avec eux... Le secret de l'assaut d'étude consiste à rechercher la difficulté.

Ne vous bornez pas à tirer dans votre salle. Acceptez toutes les invitations à tirer ailleurs qu'on ne manquera pas de vous faire. Là plus de recherche de la difficulté; il s'agit de ne pas être battu, et de battre. Tirez de toutes vos forces et ne ménagez personne. Rencontrez-vous avec le plus de tireurs possible. C'est au contact de jeux nombreux et différents que le vôtre acquerra sa personnalité.

A chaque séance n'allez pas jusqu'à la fatigue. Nos pères disaient qu'il faut sortir de table ayant faim. Eh bien, quittez

Phot. Penabert.

DUEL ANDRÉ GAUCHER — JOSEPH-RENAUD. (Parc des Princes.)

A. Gaucher.   Baron d'Hurcourt.   Cte J. de Reverseaux.   Joseph-Renaud.

TOURNOI DE MONTE-CARLO. (Un assaut d'épée.)

Vérascope Richard.

DUEL PINI — SAN-MALATO. (Établissement Chéri, à Neuilly.)

Pini.

San-Malato.

De Alvéar.   A. Tavernier.

la salle pour le vestiaire alors que vous vous sentez encore au moins un assaut dans les jambes. Prenez auparavant une bonne douche — froide ou tiède suivant votre tempérament. Et couchez-vous tôt.

Les concours ont lieu en un coup et en plein air. Exercez-vous donc à tirer dans ces conditions. Presque toutes les bonnes salles d'épée ont des jardins d'entraînement. En tout cas, si vous habitez Paris, soyez de l'Académie d'épée, de la Société d'escrime à l'épée, des Armes de combat, etc., et suivez-en toutes les réunions.

L'assaut en un coup demande de la prudence, mais non de l'inactivité. Je conseille, au début, de rester bien couvert, bien caché, derrière l'épée en ligne et d'inquiéter continuellement l'adversaire par des feintes aux avancés, au corps, à la tête. Tâchez de l'agacer; s'il est imprudent, il fera son imprudence tout de suite, alors que vous êtes sur la défensive, que vous l'attendez, au lieu de vous surprendre peut-être tout à l'heure. En tout cas, vous l'étudiez. Voyez quel coup s'impose — il y en a toujours un — et quand vous l'avez jugé, et seulement alors, exécutez-le avec décision et vitesse. Ne risquez jamais une attaque sans l'avoir préparée. Méfiez-vous d'un adversaire qui découvre exagérément telle ou telle ligne; il y a beaucoup de chance pour qu'il vous attende là afin de parer-riposter, d'arrêter ou de s'emparer du fer. Certains tireurs ne savent qu'un coup, par exemple de vous montrer l'avant-bras pour, quand vous y tirez, parer une tierce violente et riposter, qu'un coup qu'ils exécutent à merveille et sur lequel il ne faut pas se jeter! Avant de tirer à fond dans cette ligne si ouverte, tirez-y avec retenue, prêt à parer; si rien de suspect n'apparaît, recommencez et cette fois « à toucher », mais seulement quelques instants ensuite, après avoir *feint* plusieurs attaques différentes.

Hygiène. — Quant au régime spécial, il n'y en a pas. Tout doit se borner *à ne pas faire d'excès.* Couchez-vous tôt, levez-vous tard, mangez bien, et, en dehors de l'exercice, ne pensez pas à l'escrime et au tournoi qui se prépare. Ne vous énervez pas à l'avance. — Surtout cessez tout entraînement *au moins* quatre à cinq jours avant la grande épreuve à laquelle il faut arriver reposé, frais.

En cas de duel. — En duel tirez comme en *poule* — et vous toucherez. Sous aucun prétexte ne changez votre jeu le jour d'une rencontre. N'ayez aucune idée préconçue avant d'arriver sur le terrain. Surtout ne vous pressez pas. Vous avez tout le temps. Attendez la bonne occasion et n'allez pas, par impatience, attaquer à l'aveuglette un adversaire circonspect. Plus vous désirerez toucher fortement, plus il vous faudra sans doute attendre, surtout si l'adversaire vous sent supérieur à lui. Il se tiendra alors sur une défensive acharnée, ne donnera pas de fer, ne livrera rien que les *avancés,* il les sacrifiera peut-être, vous offrira le poignet, la main, tout en se tenant prêt à vous tendre la perche si vous allez mal à propos au corps. Résistez toujours, quel que soit votre antagoniste, à la tentation de « risquer le paquet », de toucher ou d'être touché, mais d'en finir ! Soyez tenace.

Je répète ce que je disais plus haut : la patience n'est pas de l'inactivité ! Ne laissez pas un instant votre adversaire tranquille. Continuellement, harcelez-le de feintes — le bras bien couvert — de faux départs, de battements, d'attaques retenues. Il y a deux fatigues : la fatigue musculaire et la fatigue nerveuse ; cette dernière lui viendra vite s'il est inquiété sans relâche.

D'ailleurs quand vous avez trouvé une occasion sérieuse d'attaquer, profitez-en ; et alors partez à fond, de toute votre vitesse, de toutes vos forces. Vous ne vous êtes « retenu » jusqu'alors que pour ne pas vous retenir à ce moment.

Les fleurettistes, sur le terrain, étaient complètement déroutés. Bien entraîné à l'épée, vous vous y sentirez « chez vous ». Vous serez privé même du plaisir de l'imprévu !

Pour terminer, quelques exercices de gymnastique utiles aux escrimeurs.

D'abord, et avant tout, ne doutez pas qu'il est fort utile pour bien tirer d'avoir des muscles. C'est une vérité dont les escrimeurs italiens tirent grand parti. Les haltères moyennes et lourdes sont excellentes ; avec des « 2 kilogrammes » pratiquez tous les mouvements classiques et surtout ceux qui intéressent les deltoïdes et les triceps ; puis avec les grosses haltères et « barres à sphères » faites peu de *développé,* qui raidirait votre déploiement de bras, et beaucoup d'*arraché* et de *deux temps;* l'*arraché* donne une décision et une concentration dans l'effort des plus utiles à l'escrime ; le *deux temps* vous fortifiera les jambes, les cuisses, les reins. Terminez par une série d'exercices de souplesse avec des massues *légères*.

Vous trouverez dans les *poids à bras tendu*, si calomniés, une force de résistance nécessaire à un jeu bien « en ligne ». Mais n'en faites pas dans les jours qui précèdent un assaut sérieux.

Le saut à la corde est excellent. La bicyclette, par contre, est plutôt nuisible — ce qui n'empêche pas beaucoup d'escrimeurs d'en faire. Mais ils la quittent en période d'entraînement.

Si vous manquez de force dans la main, dans la « pince », on fabrique maintenant de petits instruments spéciaux, sorte d'haltères à ressorts, qui en fort peu de temps vous en donneront.

Vous pouvez, si l'assaut vous essouffle, essayer de faire chaque matin en courant 2 à 3 kilomètres.

Je ne recommande guère de faire de l'épée des deux mains. C'est le plus sûr moyen de n'être fort ni de la gauche ni de la droite. Faites plutôt un autre exercice de la main gauche, si vous désirez « compenser ».

J. JOSEPH-RENAUD.

(*Les photographies de ce chapitre sont de l'auteur.*)

EXTRAIT
DES PRINCIPAUX ARTICLES DU RÈGLEMENT
DE COMBAT A L'ÉPÉE

ADOPTÉ PAR : *la Fédération nationale d'escrime, la Société d'escrime à l'épée de Paris, l'Académie d'épée, les Armes de combat.*

Armes. — Chaque tireur a le droit incontestable de se servir de son arme, à condition qu'elle soit conforme au règlement.

Les épées sont montées à la française ou à l'italienne, avec toutes les modifications qui conviennent aux tireurs ; si la lame n'est pas fixée au centre de la coquille, l'excentrement sera inférieur à 35 millimètres. Dans tous les cas, aucune partie de la monture ne dépasse la partie extérieure de la coquille.

Le poids total de l'arme est compris entre 470 et 770 grammes. La longueur totale de la poignée sans pommeau est inférieure à 160 millimètres, et la longueur totale avec pommeau inférieure à 200 millimètres. L'écrou qui termine les épées démontables ne compte point, à condition que son diamètre extérieur soit inférieur à 17 millimètres, et que, une fois vissé à bloc, sa saillie soit inférieure à 12 millimètres.

Est interdit tout dispositif qui augmente la longueur effective de l'arme en éloignant la main de la coquille plus que ne le font les montures ordinaires françaises ou italiennes.

La coquille a une forme circulaire convexe continue et ne porte ni rebord, ni gouttière, ni aspérité quelconques; sa flèche est comprise entre 30 et 50 millimètres ; son diamètre entre 128 et 132 millimètres.

La lame a environ 880 millimètres de longueur. Elle est de forme triangulaire. Les colichemardes sont interdites. Elle ne doit ni fouetter ni être trop rigide. Elle doit être aussi droite que possible, sa flèche en tout cas étant inférieure à 30 millimètres. La partie rectangulaire de la lame à sa jonction avec le bouton présente une section d'au moins 2 millimètres de côté.

La martingale et les lanières d'attache sont autorisées, à condition que les extrémités ne pendent pas et ne forment point une boucle dans laquelle pourrait s'engager l'épée adverse.

Pointe d'arrêt. — Seule la pointe d'arrêt unique est admise. Elle présente une saillie effective inférieure à 2 millimètres et une longueur totale inférieure à 8 millimètres.

Tous les systèmes de pointes d'arrêt sont admis, pourvu qu'ils satisfassent aux conditions suivantes, absolument nécessaires pour assurer la sécurité des tireurs :

1º Sous la pointe d'arrêt, l'épée présente un bouton métallique ordinaire à surface avant plane, de façon à empêcher toute perforation dans le cas où la pointe d'arrêt sauterait;

2º Ce bouton métallique ordinaire est venu avec la lame et de même métal que celle-ci : aucun système de vis ou de brasure n'est admis pour fixer le bouton de l'épée à l'extrémité de la lame ;

3º Le bouton de la lame ne doit pas pouvoir passer à travers les mailles d'un masque ordinaire ;

4º Le bouton est recouvert d'un fil poissé formant tampon efficace afin d'amortir le choc et d'empêcher le cisaillement des mailles du masque.

Tenue des tireurs. — Cette tenue est sensiblement la même que celle de l'escrime au fleuret. Néanmoins les vestes, cuissards et crispins en cuir verni ou étoffe glacée ne sont pas admis; le crispin est mou, ni verni ni glacé; il plaque sur l'avant-bras.

Aucune restriction n'est imposée en ce qui concerne les chaussures ; en conséquence, elles peuvent ne pas avoir de talons, et les semelles peuvent ne pas être en cuir.

Le cuissard en toile à voile recouvrant efficacement le bas-ventre, la fourche et les aines est obligatoire. Il peut être remplacé par un pantalon doublé soit intérieurement, soit extérieurement, de toile à voile.

Champ. — Les places sont tirées au sort.

La largeur du champ est, si possible, de 6 mètres libres de tout obstacle.

Chaque tireur a un champ de 15 mètres de longueur comptés à partir du pied en arrière. Dans les cas où l'espace manque pour accorder ce champ de 15 mètres, le tireur acculé est remis en garde à la distance de la limite nécessaire pour compléter les 15 mètres, soit en une fois, soit en plusieurs, sans toutefois qu'une remise en garde puisse être effectuée au delà du milieu du terrain.

Le terrain gagné reste acquis. Toutefois, si l'un des tireurs se trouve à moins de 3 mètres de sa limite à la fin d'une reprise, il est remis en garde à la reprise suivante à 3 mètres de ladite limite.

Lorsque le tireur ne se trouve plus qu'à 3 mètres de sa limite, il en est prévenu par le directeur du combat.

Il est prévenu à nouveau au moment où il arrive à la limite et, s'il la franchit après ce nouvel avertissement, il est considéré comme touché. (Par franchir, il faut entendre dépasser des deux pieds.)

Juges et jugement des coups. — Les juges nomment un président, qui fait fonctions de directeur de combat, qui dirige les passes d'armes, a *seul* le droit de donner le commandement de « halte », et dont la voix est prépondérante en cas de partage égal.

En cas de coup douteux dans une phrase d'armes, le bénéfice du doute accordé à l'un des combattants annule l'effet des coups postérieurs durant cette même phrase.

En cas de coup double, chacun des tireurs est considéré comme touché.

Cependant, si entre les deux coups il existe un intervalle de temps appréciable *ou* une différence de longueur appréciable — et, à *fortiori*, un intervalle de temps *et* une différence de longueur appréciables — entre les deux lignes où les coups auront été portés, un seul tireur est considéré comme touché.

Le coup porté par un combattant à son adversaire désarmé ou tombé sur le sol d'une façon manifestement involontaire n'est pas valable si, entre le désarmement ou la chute manifestement involontaire et le coup porté, il y a eu un intervalle de temps largement suffisant pour permettre au combattant de se rendre compte de l'accident arrivé à son adversaire et de retenir le coup de pointe.

Tout coup porté manifestement après le commandement de « halte », donné par le directeur du combat, n'est pas valable, car, à ce commandement de « halte », les deux tireurs doivent s'arrêter immédiatement.

Du combat. — Les tireurs ont le droit absolu et incontestable de combattre à la manière et à la distance qu'ils préfèrent, sous la seule condition que la passe d'armes conserve le caractère d'un combat à l'épée. Par conséquent :

1° L'action offensive doit exclusivement s'exercer avec la pointe de l'épée sans que la main quitte la poignée, et sans que la poignée glisse dans la main afin d'augmenter la longueur effective de l'épée ;

2° L'action défensive doit exclusivement s'exercer :

En écartant la pointe adverse à l'aide de l'épée et du bras armé ; en évitant la pointe adverse par un déplacement de la partie menacée ; en combinant entre eux de toutes façons les moyens d'écarter la pointe adverse à l'aide de l'épée, et les moyens d'éviter la pointe adverse par un déplacement de la partie menacée.

Il est permis de :

Parer, pointer, remiser, tendre, écarter le fer adverse et attaquer de toutes les façons possibles ; sauter en avant, en arrière, ou de côté, dans toutes les positions possibles ; se fendre en avant ou en arrière et s'écraser en mettant par terre la main non armée ; esquiver en dedans, en dehors et en dessous ; exécuter des voltes et demi-voltes, dans un sens ou dans l'autre.

Il est défendu de :

Se servir de la main ou du bras non armé pour exercer une action offensive quelconque, ou encore pour détourner, ou saisir, ou maintenir l'arme ou le bras de son adversaire ; utiliser la main ou le bras non armé comme un bouclier ; lancer l'épée en laissant glisser la poignée hors de la main, soit qu'on l'abandonne complètement, soit qu'on la retienne et la rattrape à l'aide d'une martingale ; essayer de renverser l'adversaire par une bousculade ou par tout autre moyen ; maintenir le pied sur la lame adverse dans le cas où celle-ci se serait trouvée momentanément en contact avec le sol ; maintenir et immobiliser la lame adverse par une pression du bras non armé.

Les tireurs doivent, autant que possible, s'abstenir de parler et de pousser des exclamations pendant le combat.

Le corps à corps existe lorsque les troncs des deux adversaires sont directement en contact.

Le corps à corps est soumis aux règles générales précédemment énoncées ; il est permis tant qu'il conserve le caractère de combat à l'épée tel que ce dernier est défini ci-dessus.

Par conséquent, abstraction faite des interdictions déjà énoncées, le directeur de combat ne peut donner le commandement de « halte » qu'après que les tireurs se sont heurtés, sont restés nettement en contact par la volonté soit de l'un, soit des deux, et exercent l'un contre l'autre une poussée continue, sans pouvoir ni dégager ni utiliser leurs armes.

Reprises. — Art. 45. — La durée des reprises et des repos est chronométrée. Par durée d'une reprise, il faut entendre la *durée effec-*

tive, c'est-à-dire la somme des intervalles de temps pendant lesquels les tireurs combattent ou peuvent combattre; on en déduit donc la somme des intervalles de temps pendant lesquels, pour une raison quelconque, les tireurs ne peuvent point combattre.

Les règles relatives à la durée des reprises et des repos ne sont pas absolues; elles peuvent être modifiées dans certains cas particuliers et par décision du comité ou du jury.

Principales sociétés. — *Société de l'escrime à l'épée*, fondée en 1893 par MM. D. Cloutier, de La Croix, colonel Dérué, comte de Rochefort, Thomeguex, Voulquin, de Chambrier, Dauchez de Beaubert, de Chasseloup-Laubat, Doumic, de Lagrange, Lescable, Loreau, Monestier, Potin, Sémelaigne, H. de Villeneuve, etc. L'*Académie d'épée*, fondée en 1886. La *Fédération de l'escrime*, fondée en 1906 par M. Bruneau de Laborie. Les *Armes de combat*, fondée en 1907 par MM. André Rabel, Berger, Gravier, etc.

Pour tous renseignements, s'adresser, 10, rue Blanche, Paris (9ᵉ).

TABLEAU DE POINTAGE POUR POULES.

| Tireurs touchés | | Tireurs par qui ils ont été touchés | | | | | | | | | | | | |
Noms	N°	1	2	3	4	5	6	7	8	9	10	11	12	13
	1	▨												
	2		▨											
	3			▨										
	4				▨									
	5					▨								
	6						▨							
	7							▨						
	8								▨					
	9									▨				
	10										▨			
	11											▨		
	12												▨	

ORDRE DES ASSAUTS.

5 Tireurs (10 Assauts)

2 4	1 4	2 4
5 2	5 5	3 5
3 3	4 3	4 6
	5 4	4 5

6 Tireurs (15 Assauts)

4 2	6 5	4 3	4
2 3	4 1	2 2	4 2
3 6	4 5	3 6	5 6
5 3	2 4	6	1

7 Tireurs (21 Assauts)

1 5	4 3	4 4	6 4	2 1
5 3	2 6	2 2	7 7	3 2
3 7	6 5	7 3	5 5	6 3
7 1	5 4	3 6	1 2	1 4
7	4 6	1 2	8 6	3 7

8 Tireurs (28 Assauts)

5 7	2 3	5 7	8 4	1 3
6 8	3 4	6 1	2 2	3 5
7 5	4 8	1 3	4 3	5 6
8 1	7 5	2 5	6 6	7
6 1	3	8		

9 Tireurs (36 Assauts)

5 6	3 9	5 1	3 6	7 1	2
6 7	4 1	1 4	5 2	9 7	5 3
7 8	9 5	8 9	6 8	1 3	2 5
8 1	6 6	4 7	1 5	6 4	9 6
9 2	7 7	9 3	4 9	3 8	7 9
5 2 3	6 8	2 5	8 6	8 2	4 4

10 Tireurs (45 Assauts)

2 6	9 9	4 7	9 3	9 9	1
4 7	10 8	2 1	10 3	4 7	8 2
7 1	3 3	7 6	5 10	6 2	10 3
8 2	4 10	5 3	8 1	7 3	5 4
5 9 3	1 9	2 2	5 4	6 5	
1 7	6 2	6 4	7 6	3	
3 10	8 10	3 5	1 9	8	
5 1	6 5	4 7	2 4	10	

11 Tireurs (55 Assauts)

7 10	11 3	5 11	7 5	2 3	4 1
8 8	4 6	8 8	10 7	9 5	6 2
9 3	2 1	9 9	6 11	8 7	8 3
10 10	3 2	10 7	3 10	6 9	10 4
11 11	4 3	11 10	1 7	2 11	6 5
6 1 7	5 1	7 11	2 1	11	
2 3 2	6 8	5 4	8 1	8	
4 5 1	1 6	3 5	9 9	4	
6 7 10	7 2	4 3	1 5	10	
8 9 9	11 1	5 6	11 2		

12 Tireurs (66 Assauts)

7 12	5 12	3 12	1 9	11 6	3 6
8 6	5 11	7 7	2 10	12 10	7 2
9 1	9 8	5 6	3 3	1 11	8 4
10 4	10 2	10 3	6 9	4 2	11 9
11 3	11 1	11 5	12 5	6 1	1 8
12 4	12 1	12 11	6 7	9 2	6 10
1 7	5 7	3 1	2 8	10 3	4
2 6	8 4	8 3	5 12	11 11	
10 3 10	1 5	9 6	4 4	12 8	
11 11	2 10	6 7	8 5	2 9	10

TABLEAU ET ORDRE DES ASSAUTS POUR POULES
DE 5 A 12 TIREURS. (Fleuret — Épée — Sabre.)

Combat au sabre en champ clos.
Extrait de l'*Amadis des Gaules*. (Francfort, 1559.)

Sabre

L'ESCRIME au sabre peut se diviser en trois parties :

1° L'escrime de salle ou de convention, dont les principes généraux se rapprochent de ceux du fleuret.

2° L'escrime de terrain ou de duel, qui peut être comparée à l'escrime à l'épée; dans cette escrime toute convention est exclue, le résultat seul est envisagé.

3° L'escrime à cheval, qui a pour objectif l'éducation militaire du cavalier.

C'est dans l'escrime de salle que ces deux dernières puiseront un enseignement fécond, et c'est l'application stricte des règles qui y seront exposées qui donnera l'avantage au duelliste ou au cavalier. C'est donc sur cette partie que nous nous étendrons davantage en insistant surtout sur les conseils et principes généraux, ne perdant pas de vue le but de l'escrime au sabre, c'est-à-dire l'assaut pour l'escrime de salle et le combat pour les autres escrimes.

Utilité de l'escrime au sabre. — L'utilité de l'escrime au sabre est indiscutable. C'est un des sports les plus complets, puisque, en même temps qu'il exige une très grande dépense musculaire, il réclame un travail continuel du cerveau, toujours en éveil pour saisir la pensée de l'adversaire.

Au point de vue utilitaire, il est certain que ce sport donne à celui qui le pratique une très grande confiance en soi. L'homme vraiment fort est toujours bon et porté vers des pensées géné-reuses. De plus, à un moment donné, l'escrimeur peut être appelé à rendre de grands services à la patrie menacée, en mettant à son service une habileté plus grande à manier utilement le sabre qui lui est confié pour sa défense.

Préparation. — L'escrime au sabre étant un exercice plus violent que l'escrime au fleuret et à l'épée, il sera bon de ne la faire pratiquer qu'aux adultes.

La meilleure préparation sera l'étude de l'escrime au fleuret, que l'on peut commencer à pratiquer un peu plus jeune et qui donnera la souplesse, le jugement, la décision, la rapidité pour l'assaut; et l'étude de l'escrime de l'épée en plein air, qui donnera la prudence et la notion de la distance, qualités indispensables à l'escrime de duel. Il sera bon de pratiquer en même temps une gymnastique raisonnée avec exercices plus fréquents de la partie opposée à celle qui travaille, la partie gauche pour les droitiers, la droite pour les gauchers, afin d'éviter les déformations du corps, déformations inévitables qui se manifestent par une augmentation considérable de la cuisse, du mollet et d'un côté de la poitrine; c'est pour cela que pour les enfants et jeunes gens l'escrime au fleuret, faite alternativement des deux mains, doit être préconisée. Un très bon exercice est celui qui consiste à faire des moulinets verticaux ou diagonaux avec un sabre plus lourd que le sabre d'étude.

Comment la leçon doit être prise. — Les leçons doivent être prises avec vigueur, courtes au début pour arriver à une durée maximum de dix minutes par reprise. La démonstration d'un mouvement est donnée d'abord lentement, et une fois ce mouvement bien compris et bien exécuté, l'élève s'habituera à donner toujours tout ce qu'il peut donner comme vitesse. Il faut dans l'attaque beaucoup de rapidité, c'est une chance d'éviter le coup double, soit en obligeant l'adversaire à parer, soit en ne lui donnant pas le temps de porter un coup dans une ligne momentanément mise à découvert par l'attaque.

Il est excellent, quand le tempérament le permet, de prendre une douche après la leçon : elle peut éviter les refroidissements, facilite les fonctions de la peau en la débarrassant de la sueur; mais on devra toujours consulter son médecin auparavant, la douche ne convenant pas à tous les tempéraments et étant contre-indiquée pour certains. Il peut se faire qu'elle soit recommandée chaude ou tiède. Dans tous les cas, une vigoureuse friction au gant de crin et, si possible, avec de l'eau de Cologne, complétera ou remplacera la douche, en produisant un bien-être et un repos salutaires.

Il sera bon également de faire, après la leçon, une promenade à pied pour calmer et amener une détente des nerfs qui ont été surexcités par un exercice violent.

Vêtements. — *Pantalon* de toile doublé sur le devant d'une forte toile à voile pour protéger les parties basses; l'emploi d'un cuissard en cuir souple est préférable, surtout pour l'assaut.

Sandales sans talon, avec semelle en cuir dit *buffle*. En plein air, pour l'escrime de duel, on pourra garder les chaussures de ville, c'est-à-dire des chaussures à talons, car dans certains cas de duel elles sont seules autorisées. Cependant les chaussures de sport sans talons, comme celles de tennis, étant quelquefois autorisées sur le terrain, il sera bon de s'y habituer ou de mettre des sandales pendant quelques assauts en plein air, afin de conserver par la pratique l'avantage que peut donner l'emploi de telles chaussures.

Veste en toile rembourrée sur l'épaule ou avec épaulettes en cuir fort, le devant doublé de toile à voile, pour protéger la poitrine et le ventre contre les coups de pointe, le dessous de bras également doublé et même triplé, pour protéger l'aisselle dans le cas où une lame se briserait.

Il devra être apporté un grand soin dans le choix du *masque;* il s'en fait, d'ailleurs, maintenant de suffisamment légers et protégeant bien la tête. Le masque devra être en treillis de fil de fer à mailles suffisamment serrées pour garantir contre un coup de pointe porté avec une lame brisée. Il devra être rembourré sur le sommet et sur les côtés; ces derniers devront se prolonger assez loin derrière la tête pour la protéger efficacement.

Le *gant* en peau, suffisamment rembourré, le *crispin* dur et montant à moitié de l'avant-bras pour le protéger contre les coups de manchette. Il est quelquefois fait usage d'un crispin en cuir très dur, montant jusqu'au-dessus du coude, pour éviter l'emploi du protège-coude, mais c'est moins pratique, le grand crispin bâillant toujours un peu. Il est bon aussi que le gant soit pourvu d'une sorte de bracelet ou bourrelet qui protège le poignet; ce bracelet peut être mobile.

Enfin, le *protège-coude,* petit appareil en cuir, s'attachant avec deux courroies autour du coude pour le protéger, les coups, à cet endroit, étant très douloureux.

Nomenclature du sabre d'étude. — Le sabre est une arme qui agit de la pointe et du tranchant. Elle se compose de deux parties : la lame et la monture. La lame se divise à son tour en *lame* proprement dite, c'est la partie apparente de l'arme, et la *soie*, qui disparaît dans la monture. La lame est en acier; elle est quelquefois droite, mais généralement courbée; elle a une longueur de 0^m^,85 à 0^m^,90, une largeur de 0^m^,025 à 0^m^,035 et pèse environ de 500 à 700 grammes. Plus large et trop épaisse, elle serait trop rigide, et les coups de pointe surtout pourraient être trop douloureux, voire même dangereux.

Différentes parties de la lame. — La *cannelure* ou *gouttière* est une légère rainure longitudinale sur le milieu de la lame et qui s'étend sur les 2/3 de la longueur; elle a pour but de diminuer le poids de la lame.

On distingue dans la lame : le *dos* et le *tranchant.* Le tranchant est la partie effilée de la lame. Le dos est la partie opposée. Le dos lui-même présente à son extrémité, vers la pointe, une partie effilée qui commence à peu près où la cannelure finit et s'appelle *faux tranchant.*

La lame se divise dans la longueur en trois parties : le *talon,* la *partie forte* et la *partie faible.* Le talon est la partie qui sort immédiatement de la monture et qui n'a pas de cannelure. La partie forte s'étend jusqu'à la moitié de la longueur. Les parades se prennent toujours avec la partie forte et le talon. La partie faible comprend la moitié de la lame vers la pointe.

Soie. — La soie est en fer et sert à fixer la lame à la monture en traversant la poignée; elle est maintenue soit à demeure après avoir été rivée, soit au moyen d'un écrou, et alors elle est démontable.

Monture. — La monture comprend la poignée et la garde.

Poignée. — La *poignée* sert à tenir l'arme ; elle devra autant que possible épouser par sa forme celle de la main qui la tient. La *garde* sert à protéger la main. La garde devra être construite de façon à protéger efficacement la main contre les coups de tranchant et surtout les coups de pointe ; on ne devra pas craindre de choisir un modèle remplissant très bien ce but, quitte à ce qu'il paraisse moins élégant.

La société « le Sabre » a adopté un modèle qu'une légère modification, qui sera faite d'ailleurs, rendra presque parfait.

Manière de tenir le sabre. — Le sabre se tient à pleine main, le pouce allongé sur le dos de la poignée sans toucher la garde, les autres doigts serrant la poignée, mais ne la serrant avec force qu'au moment de l'action contre le fer adverse, parade, prise de fer, ou au moment de porter un coup. Si la poignée était toujours serrée avec force, l'engourdissement des doigts arriverait bien vite.

Positions de la main. — *Prime.* — La main à la hauteur du front et vers la gauche, le bras presque tendu, les ongles à droite, le pouce tourné vers le sol, le tranchant à gauche ; dans cette position le regard doit passer entre le bras et la lame.

Seconde. — La main à droite, le poignet un peu au-dessous du sein, la pointe vers la droite, le tranchant à droite.

Cette position s'obtient de la position de tierce en baissant simplement la pointe et la portant vers la droite.

Tierce. — La main à droite, le poignet un peu au-dessous du sein, la pointe à hauteur des yeux, le bras légèrement ployé et l'avant-bras dans le prolongement de la lame, les ongles à droite.

Quarte. — La main à gauche, les ongles en dessus, le pouce à droite, le poignet un peu au-dessous du sein, la pointe à hauteur des yeux, le tranchant à gauche.

Garde. — On appelle « garde » la position dans laquelle le tireur se trouve le mieux en état de porter une attaque à son adversaire ou de parer celle que celui-ci pourrait lui porter.

Différentes gardes. — Il y a plusieurs gardes ; les principales sont : la garde de *tierce,* la main en tierce, la pointe à hauteur des yeux, le bras légèrement ployé, l'avant-bras dans le prolongement de l'arme ; cette garde permet l'usage plus rapide de la pointe, elle permet aussi de protéger les parties au-dessus de la ceinture et plus rapidement la tête dans le cas d'emploi de sabre lourd. C'est celle que nous conseillons. Elle s'emploiera de préférence sur le terrain et sera sensiblement la même à cheval.

La garde de *tierce basse*, qui consiste à mettre la main à hauteur de la hanche droite, le tranchant légèrement tourné à droite, la lame presque verticale. Elle peut être employée pour les assauts de salle, car si elle ne permet pas la protection rapide des parties au-dessous de la ceinture, qui ne peuvent l'être que par une esquive ou retraite de corps, cela n'aurait pas une grande importance, puisque les coups portés dans ces parties ne sont pas comptés. Par contre, cette garde permet la protection plus rapide des coups de tranchant portés à gauche ou à droite.

Dans tous les cas, la main gauche sera placée derrière le dos, engagée dans la ceinture du pantalon ou même dans une poche rembourrée qui la garantira mieux.

Quelle que soit la garde employée, il faudra maintenir le corps droit, les jambes légèrement fléchies, le pied droit en avant à une distance de deux semelles environ du pied gauche, le talon droit en face du talon gauche.

On se met généralement en garde en portant le pied gauche en arrière du pied droit.

On peut également reprendre la position de la garde en avant, pour un redoublement d'attaque, par exemple.

Dans ce cas, on porte le poids du corps sur la jambe droite pour rapprocher le pied gauche du droit.

Comment on doit porter un coup de tranchant. — Il faut avant de porter un coup de tranchant bien se pénétrer de ceci : c'est que le coup de tranchant doit son efficacité non point tant à la vigueur employée qu'à la façon dont il est porté. Un coup de tranchant porté aussi vigoureusement que possible, mais bien nettement, ne fera jamais que contusionner comme on l'aurait fait avec une barre de fer.

Pour que le sabre pénètre, il faut que le coup soit donné en sciant. Pour cela, il faut, quand on veut porter un coup, que le bras soit allongé vers et au delà de la partie à atteindre, puis ramené en arrière très rapidement, de façon à ce que la plus grande partie possible du tranchant ait été en contact avec le corps. On peut aussi porter le coup de tranchant d'arrière en

COMMENT ON DOIT TENIR LE SABRE.

Cette photographie et les suivantes ont été exécutées sous la direction du professeur Haller.

Garde de tierce.   Garde de tierce basse.

DEUX GARDES DIFFÉRENTES.

avant, de façon que la partie du tranchant qui touche le corps le dépasse ensuite, mais ces coups risquent d'être moins efficaces.

On voit par là toute l'attention qui doit être portée au début à la façon dont le coup de sabre est donné. Il est indispensable que, dans les assauts de salle ou de terrain, les coups qui seraient portés avec le plat du sabre ne soient pas comptés ; car, s'il en était autrement, l'esprit de l'escrimeur serait faussé, et au moment du combat il ne pourrait tirer de son arme tout le parti qu'il peut en attendre, compromettant ainsi sa vie en cas de duel ou les espérances fondées sur son habileté si c'est un soldat.

Notion de la distance. — Avoir la notion de la distance, c'est savoir se placer à la distance juste pour pouvoir atteindre l'adversaire soit de pied ferme, soit en se fendant ; dans ce dernier cas, il faut calculer avec précision l'étendue de la fente ou bien se placer exactement hors de portée de l'attaque adverse, prévoyant au besoin une retraite de corps. La notion de la distance est de toute première importance à l'escrime au sabre et ne peut s'acquérir que par une pratique assez longue de l'escrime en salle et de l'escrime en plein air, les conditions d'éclairage changeant considérablement les éléments d'appréciation.

Attaques. — Les principales attaques sont : *le coup de pointe, le coup de tranchant à la tête, à la figure à droite,* ou *à gauche, à la banderole, au ventre, au flanc, à la manchette.*

Il est bien rare que l'on puisse porter un coup directement : ce serait s'exposer au coup double ; il est préférable d'ébranler la garde de l'adversaire, soit par un battement ou prise de fer, soit par une marche avec ou sans appel de pied, soit par une feinte ou une combinaison de ces préparations. De même on peut attendre et au besoin provoquer par une invite ces préparations chez l'adversaire, pour en profiter soi-même.

Dans tous les cas, il faut qu'en portant un coup, surtout le coup de pointe, on se couvre aussi complètement que possible du côté du fer adverse, soit par opposition, soit par une élévation de main.

Outre ces préparations, les coups peuvent être précédés de feintes, de façon à faire découvrir la partie que l'on veut atteindre. Dans ce cas, l'attaque est dite composée. Les attaques composées ne doivent pas comprendre plus de deux feintes si l'on ne veut pas s'exposer au coup double ou au coup d'arrêt.

Remise. — On appelle *remise* l'action de continuer à chercher à toucher par un coup, bien que ce coup ait été paré par l'adversaire, soit que cet adversaire ait paré incomplètement, soit qu'il se soit découvert après la parade en ne ripostant pas, ou en ripostant sans être couvert en abandonnant le fer, ou en ripostant par une riposte composée. Le remise est impossible après une parade bien exécutée et une riposte directe sans abandon du fer.

Reprise. — Lorsque l'adversaire ne riposte pas après avoir paré, on peut porter une seconde attaque qui se nomme alors *reprise;* elle a lieu le pius généralement étant fendu. La reprise est toujours dangereuse au sabre, car elle peut provoquer le coup double par suite d'une riposte tardive.

Redoublement. — Si l'adversaire rompt ou pare en rompant, on peut porter une autre attaque en marchant ou en se fendant; il y a alors redoublement. On peut également, si l'attaque esquivée a été portée en se fendant, regagner la distance en rapprochant le pied gauche du pied droit sans se relever complètement et se fendant à nouveau.

Coup de temps. — Le coup de temps est un coup porté à l'adversaire au moment où il se découvre pour porter une attaque simple ou pendant l'exécution des divers mouvements d'une attaque composée. Les plus usités sont les coups de pointe à la poitrine sur une attaque composée et le coup de manchette. Pour le coup de pointe, il faut bien juger quelle sera l'attaque et se couvrir du côté du fer adverse, au besoin au moyen de la garde par élévation de la main, si l'on prévoit un coup de tête.

Coup d'arrêt. — On donne plus spécialement le nom de coup d'arrêt au coup de temps porté à la suite ou pendant une faute de l'adversaire, par exemple quand celui-ci attaque le bras raccourci, ou se découvre trop; mais il faut, pour qu'il soit efficace, que le coup *arrête* réellement l'adversaire en arrivant assez en avance pour l'empêcher de porter le coup qu'il préméditait. Les coups de temps ou d'arrêt doivent être exécutés avec beaucoup d'à-propos, sinon c'est un coup double certain. On peut encore porter un coup de temps en trompant une prise de fer quelconque, engagement, froissement, liement, etc.

Le coup à la manchette se porte en dessus, en dessous, à gauche ou à droite, suivant le cas, mais il est prudent de l'accompagner d'une esquive ou échappement en arrière.

Contretemps. — Il faut, en faisant le coup de temps, ne pas oublier que l'adversaire a pu vous tendre un piège en vous y attirant de façon à pouvoir parer le coup et riposter. Dans ce cas il y a contretemps. Le contretemps est très employé contre les escrimeurs qui prennent souvent le temps ou le coup d'arrêt ou qui ont une tendance à faire des tensions.

Tension. — On appelle *tension* l'action de tendre le bras ou de porter un coup quelconque sur n'importe quel mouvement de l'adversaire sans se rendre compte de l'opportunité de cette action, simplement dans le but de courir la chance d'atteindre l'adversaire, et sans s'inquiéter de parer le coup qui a précédé ou qui peut suivre ce mouvement.

Feinte. — La feinte est une attaque simulée qui a pour but d'obliger l'adversaire à découvrir la partie que l'on veut atteindre, en cherchant à protéger celle qu'il croit menacée. Il faut donc, pour que ce but soit rempli, que la feinte soit faite avec décision et autorité, de façon à forcer l'adversaire à exécuter la parade que l'on a l'intention de tromper.

Invite. — On appelle *invite* l'action de découvrir ostensiblement une partie quelconque, de façon à engager l'adversaire à y porter un coup, afin de le parer et riposter ensuite.

Attaques composées. — Les principales attaques sont : *feinte de coup de pointe* et, suivant la parade prise, *de coup de tête, de figure, de flanc, ventre* ou *banderole*, ou une combinaison de ces différents coups.

Après toutes les feintes de coup de taille, le coup de pointe est possible et doit être recommandé. Si les feintes sont bien marquées, l'adversaire, en y répondant, se découvrira toujours suffisamment. La feinte de coup de taille est faite, le bras d'abord à demi tendu, puis s'allongeant pour le coup de pointe. On peut aussi faire une feinte de coup de taille pour porter ensuite un coup de taille à une partie du corps mise à découvert par la parade provoquée.

PARADES

On nomme *parade* tous les mouvements que l'on exécute pour se garantir d'un coup porté par l'adversaire.

On peut parer soit avec l'arme, soit par une retraite de corps. La parade peut se prendre soit en accompagnant le fer adverse jusqu'à ce qu'il soit en dehors de la ligne et l'y maintenant : on dit alors qu'il y a *opposition ;* soit en l'abandonnant après l'avoir chassé par un choc : c'est la *parade détachée ;* il faut alors être toujours *couvert,* c'est-à-dire protégé par le fer contre une remise, si l'adversaire remettait son arme en ligne.

Comment doivent se prendre les parades. — Les parades doivent se prendre tranchant contre tranchant en allant au-devant du fer adverse, sans que pour cela l'on s'écarte outre mesure de la ligne, car il ne serait pas possible de revenir à temps si cette parade était trompée. Mais cependant il ne faut pas oublier que, si dans la leçon et dans les assauts de salle, en plein air ou, même, dans certains cas de duel, on se sert de sabre léger, à cheval on a toujours un sabre lourd. De plus, étant donné qu'en France le duel au sabre ne peut, sauf de rares exceptions, avoir lieu qu'entre personnes ayant eu un sabre au côté, officiers de cavalerie, par exemple, il semble naturel que le sabre d'ordonnance, c'est-à-dire un sabre lourd ne puisse être récusé par l'offenseur, s'il est demandé par l'offensé.

Avec une pareille arme, pour qu'un coup porté vigoureusement soit paré efficacement, c'est-à-dire n'atteigne pas le corps malgré la parade, il faut que cette parade n'attende pas ce coup qui porterait quand même, mais aille au-devant, car, nous ne cesserons de le répéter, la leçon et l'assaut doivent être la préparation au combat.

Si dans la leçon ou à l'assaut l'on ne peut pas faire usage d'un sabre lourd à lame rigide, à cause de l'emploi dangereux d'une telle arme, il faut que les principes enseignés trouvent leur application dans le combat réel.

Contre. — On appelle *contre* une parade circulaire qui contourne le fer adverse pour le ramener dans la ligne d'engagement, en l'écartant de la direction du corps.

Les contres sont au même nombre que les parades et en prennent le nom. Les principaux sont : contre de prime, de seconde, de tierce et de quarte.

Riposte. — La riposte est le coup porté après la parade. La riposte est simple quand elle se compose d'un seul mouvement pour porter le coup. Elle est composée quand le coup est précédé d'une ou de plusieurs feintes. Mais il ne faut pas oublier, quand on emploie la riposte composée, que si l'adversaire n'obéit pas à ces feintes, on s'expose au coup double ou au coup d'arrêt si l'on

ATTAQUE A LA FIGURE A GAUCHE.   PARADE DE PRIME.

ATTAQUE AU VENTRE.

PARADE DE PRIME BASSE.

PARADE DE SECONDE SUR UNE ATTAQUE AU FLANC.

PARADE DE TIERCE HAUTE SUR UNE ATTAQUE DE TÊTE.

PARADE DE QUARTE SUR UNE ATTAQUE A LA FIGURE A GAUCHE.

PARADE DE TIERCE BASSE SUR UNE ATTAQUE AU FLANC.

PARADE DE TIERCE SUR UNE ATTAQUE A LA FIGURE A DROITE.

ATTAQUE AU VENTRE.   PARADE DE QUARTE BASSE.

ATTAQUE A LA TÈTE.   COUP D'ARRÈT A LA MANCHETTE.

COUP D'ARRÊT PAR UN COUP DE POINTE A LA POITRINE.

ATTAQUE AU VENTRE.   ESQUIVE ET COUP A LA FIGURE.

UN COMMENCEMENT DE CORPS A CORPS.

se trouve en face d'un adversaire bien entraîné : on s'expose aussi à une remise.

Sur le terrain, la riposte directe en tenant le fer devra être seule employée. Dans le combat à cheval il ne peut pas en être employé d'autre, lorsque les cavaliers marchent les uns vers les autres et se dépassent après le choc.

Contre-riposte. — Si la riposte est parée et qu'il soit porté un autre coup, il y a alors *contre-riposte*. La contre-riposte peut être faite de pied ferme, en se fendant, ou bien encore étant et restant fendu : c'est le cas le plus général.

Phrases d'armes. — L'ensemble des attaques, parade, riposte, contre-riposte, constitue les *phrases d'armes*.

Principales parades. — Les principales parades avec l'arme sont au nombre de quatre ; elles prennent leur nom de la position du poignet et de la main dans l'exécution. Ce sont les parades de *prime, seconde, tierce* et *quarte*. Elles sont dites hautes ou basses, selon la position imposée par les parties à protéger.

Prime. — La parade de prime sert à protéger le côté gauche du corps, la poitrine, le ventre et la figure. La prime basse protège les cuisses, au besoin les jambes. Elle s'obtient en portant la main de prime et en l'élevant ou en l'abaissant plus ou moins, suivant le cas. Avoir bien soin de porter la pointe en avant, de façon à ce que le coup porté remonte vers la garde, où il est complètement arrêté ; on est alors maître du fer.

Après la parade de prime on peut riposter directement au flanc par un coup de taille, ou à la poitrine par un coup de pointe, ces deux ripostes sans abandonner le fer adverse. En abandonnant le fer, on peut porter un coup à la tête, à la figure à gauche, ou au ventre et à la banderole.

Seconde. — La parade de seconde se prend la main en seconde et protège le dessous de bras et le flanc. La seconde basse s'exécute en baissant légèrement la main et seulement s'il en est besoin pour la protection de la jambe, la longueur de l'arme étant presque toujours insuffisante. Après la parade de seconde, on peut, sans abandonner le fer adverse, porter un coup de pointe à la poitrine ou un coup au ventre en tournant la main de quarte. En abandonnant le fer, un coup de tête ou de figure à gauche ou à droite, au flanc ou à la banderole.

Tierce. — La parade de tierce qui s'obtient en portant la main en tierce, sert à protéger la figure à droite et le flanc. La tierce basse, en portant la main à hauteur de la hanche, protège mieux le flanc et le côté droit. Après la parade de tierce, on peut, sans abandonner le fer, porter le coup de pointe à la poitrine, le coup de figure à gauche ou le coup de tête. En abandonnant le fer, le coup de figure à droite ou le flanc. Ces derniers coups de tranchant se porteront aussi après la parade de tierce basse.

La parade de tierce haute sert à protéger la tête ; elle s'obtient en portant la main à hauteur de la tête vis-à-vis de la tempe droite, les doigts en avant, le tranchant au-dessus, la pointe plus élevée que la main est dirigée un peu avant, de façon à ce que la lame adverse glisse contre la garde. C'est surtout dans cette parade et avec un sabre lourd que l'on doit aller au-devant du coup, sinon si ce coup était porté avec vigueur, il atteindrait la tête malgré la parade. De la parade de tierce haute on peut, sans abandonner le fer, porter le coup de pointe à la poitrine, coup de tête figure à gauche ou, en l'abandonnant, le coup de flanc ou le coup de ventre ou figure à droite.

Quarte. — La parade de quarte, qui s'obtient en portant la main en quarte, protège le côté gauche, la poitrine, la banderole et la figure à gauche. La quarte basse protège mieux le ventre et s'obtient en portant la main de quarte à hauteur de la hanche. La quarte haute protège la tête ; de la quarte haute on peut riposter sans abandonner le fer à la tête ou à la figure à droite. Après la parade de quarte ou de quarte basse, on peut riposter directement par un coup de pointe à la poitrine ou un coup de tête ou de figure à droite. En abandonnant le fer par un coup de taille au flanc et au ventre, figure à gauche ou banderole.

Esquive. — On peut encore parer en esquivant le coup porté, soit en retirant le bras, s'il s'agit d'éviter un coup de manchette, soit en retirant le corps ou la jambe. Dans ce cas, on porte rapidement en arrière la jambe qui est en avant. On profite de ce moment, où on est soi-même hors d'atteinte, pour porter à l'adversaire un coup de pointe ou un coup de tranchant, dans la ligne haute principalement.

De l'assaut. — L'assaut est la représentation du combat. C'est dans l'assaut que l'on met en pratique les principes reçus à la leçon.

On distingue l'assaut de salle académique, dans lequel la convention entre pour une bonne part, et l'assaut de terrain qui doit, autant que possible, se rapprocher des conditions du duel.

On trouve au chapitre « Règlement des assauts » les conditions principales de ces sortes d'assauts.

LÉON LECUYER
Secrétaire général de la société « le Sabre ».

PRINCIPALES SOCIÉTÉS

La principale société s'occupant du sabre en France est la société « le Sabre », fondée en 1897 par un groupe d'escrimeurs, parmi lesquels : MM. A. Guyon, de La Bastide, Froment-Meurice, de La Falaise, Léon Lecuyer, René Sémelaigne, Thomeguex, Voulquin, Boisdon, etc.

Depuis sa fondation, la société organise tous les ans un concours entre les maîtres d'armes militaires. Ces concours ont lieu sous la présidence effective du ministre de la guerre, qui témoigne ainsi de l'importance qu'il attache à l'œuvre entreprise par la société. A l'Exposition de 1900, c'est la société « le Sabre » qui a été chargée de l'organisation des concours du sabre, ce sont ses règlements qui ont été appliqués.

Une autre société, « la Contre-Pointe », a été fondée en 1900 par M. Maurice Boisdon. La Société d'Encouragement à l'Escrime intercale presque toujours dans son programme un assaut de sabre, le plus souvent entre un maître militaire et un amateur membre de la société « le Sabre », dont le siège social est, 10, rue Blanche.

EXTRAITS DU RÈGLEMENT POUR LES CONCOURS ET ASSAUTS DONNÉS PAR LA SOCIÉTÉ « LE SABRE »

En principe, le maître ne peut pas juger son élève et réciproquement. Le tireur devra donc récuser comme juge son maître ou son élève. Celui-ci se retirera, sera remplacé par un juge suppléant et reprendra ses fonctions à l'assaut suivant. Toute infraction à cette règle entraînera l'exclusion du tireur.

Le président du jury a la direction des assauts de la séance. Il fait respecter le règlement par les tireurs. Il a seul le droit de prendre ou de donner la parole.

Lorsqu'il en reconnaît l'utilité, le président invite les tireurs à se reposer un instant et leur fait reprendre du champ. En cas de corps à corps, il fait remettre les tireurs à leur place.

Chaque tireur doit être muni d'une veste blanche ou de couleur très claire, montant haut, et suffisamment solide. Le reste du costume doit offrir des garanties suffisantes de solidité. Les masques doivent être suffisamment rembourrés, et à double treillis.

Les sabres auront des lames d'acier du modèle adopté par la société « le Sabre » ou autorisés par le jury. En tout cas, le poids de ces armes sera compris entre 500 et 700 grammes.

Les tireurs sont placés par le président et, au commandement « Allez, messieurs, » engagent le fer.

La passe d'armes n'est terminée que par le commandement « Halte » du président ou du vice-président, ou par l'annonce « Touché », faite par l'un des tireurs.

Tout coup de pointe ou de tranchant est valable, sauf ceux portés au-dessous de la ligne délimitée par la naissance de l'aine. Dans les assauts de combat tous les coups comptent, quelle que soit la partie du corps atteinte.

Les tireurs doivent annoncer les coups touchés. Le jury prononce sur leur validité. Tout coup d'arrêt porté sur une attaque faite franchement est déclaré nul, si l'attaque a touché. En cas de coup double, le coup sera compté bon pour celui qui aura porté la dernière attaque ou riposte non parée.

En principe, la durée des assauts est de sept minutes, non compris le temps pris par les repos que le président croirait devoir accorder, ou par le jury pour juger les coups. Les repos ne peuvent être accordés que du consentement des deux tireurs. Au milieu de l'assaut, les tireurs changent de côté.

Le classement des tireurs s'opère suivant le principe des poules. Dans chaque assaut est proclamé vainqueur celui qui a touché le plus de fois son adversaire. Dans chaque poule, les tireurs sont classés d'après leur nombre de victoires. En cas d'égalité de nombre de touchés, le jury pourra soit faire faire un dernier coup, soit proclamer vainqueur celui qui aura fait preuve de plus de science et de belle tenue sous les armes. A la fin de chaque assaut, le président proclame le vainqueur. A la fin de chaque poule, le classement des tireurs est opéré et proclamé.

Table des Matières.

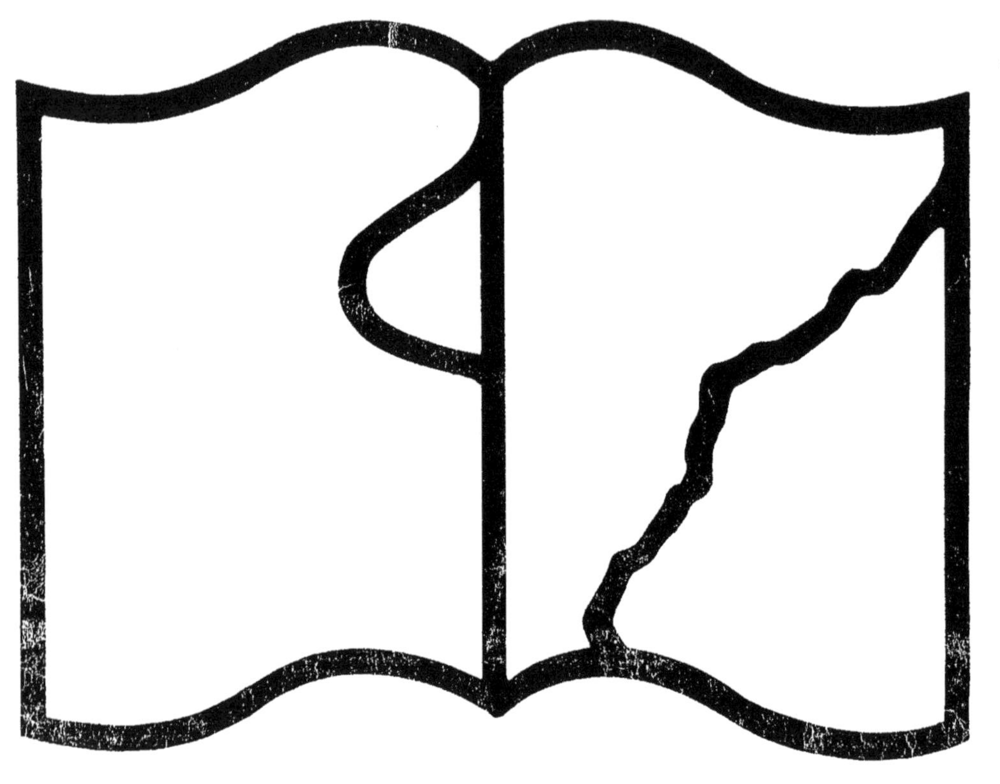

Texte détérioré — reliure défectueuse

NF Z 43-120 11

Contraste insuffisant

NF Z 43-120-14